100 REISEZIELE FÜR DIE SEELE

inspirierend • geheimnisvoll • spirituell

MIT BEITRÄGEN VON
Michael Ondaatje • Joseph Marshall III. • Paul Theroux
Andrew Motion • Jan Morris • Mark Tully • Alexander McCall Smith

VORWORT VON Pico Iyer

BUSSECOLLECTION

Inhalt

Vorwort

VON PICO IYER

Gestern Abend besuchte ich einen Tempel aus dem 12. Jahrhundert vor der Kulisse der Hügel östlich von Kyoto. Ich betrat eine Wunderwelt aus Licht: Japanischer Ahorn und Kampferbäume schimmerten im Laternenschein dieser lauen Herbstnacht. Gespenstisch leuchtender Bambus umrahmte einen kleinen Wasserfall, ein Teehaus und einen Garten. Hinter den Shojis der leeren Tatami-Räume wandelten schattenhafte Gestalten vorbei. Jeden November öffnen Shoren-in und andere buddhistische Tempel der historischen Hauptstadt Japans einige Wochen lang auch nach Einbruch der Dunkelheit ihre Tore. Hier können die Besucher ein letztes buntes Aufflackern der Farben vor dem dunklen Winter beobachten.

Ich befand mich auf meiner jährlichen Herbst-Pilgerreise. Als ich zwischen Steinlaternen auf einem schmalen Pfad bei einem Teich spazieren ging, fiel mir etwas auf: Die Studenten, Großmütter und die anderen Reisenden neben mir, die vor 30 Minuten am Eingang gewartet hatten, waren nicht mehr dieselben. Sie schienen von innen zu leuchten und waren still geworden. Es war nicht nur das künstliche Licht, das sie hier vor den Azaleen erhellte. Es war, als hätten sie einen heiligen Ort betreten und würden nur darauf warten, dass etwas zu ihnen spräche. Oder durch sie.

Wir alle wissen, dass magische Orte uns verwandeln können. Oft ist diese Veränderung in uns das eigentliche Ziel unserer Reisen. Aber wir wissen auch, dass es keine Garantie dafür gibt. Emerson erinnerte uns, dass das Reisen ein Paradies für Narren ist und dass wir nichts in der Ferne finden, was wir nicht schon in uns tragen. Derselbe Mensch, der rotgesichtig und gereizt ein Flugzeug in Heathrow bestieg, mag tags darauf die stille Weite der Osterinsel suchen.

Trotzdem hoffen und reisen wir auch weiterhin. An Orte, die uns Furcht oder Respekt einflößen, die Schrecken oder Staunen – leicht zu verwechseln – in uns wecken und die uns tief im Inneren berühren, wie es der Alltag nicht vermag. Sie rütteln uns wach, damit wir erkennen, wer wir wirklich sind. Nie werde ich den Potala-Palast in Lhasa vergessen, den ich 1985 von der Terrasse meines zerstörten Gästehauses aus sah und der mit seinen tausend Fenstern hoch über den weißgetünchten tibetischen Häusern über uns zu wachen schien. Ich werde auch nie die Grabeskirche von Jerusalem vergessen, in der ich mich vor zwei Jahren von all den Gebeten, Hoffnungen und Problemen der Menschen überwältigt fühlte. Die Kirche ist so düster und alltäglich wie die um sie ausgetragenen Konflikte. Sie ist das weltliche, menschliche Gegenstück zum Potala-Palast. Und doch werden hier noch viele Besucher im Schein der flackernden Kerzen beten und weinen, wie es bereits Millionen zuvor getan haben, auch wenn sie keiner Glaubensgruppe zuzuordnen sind.

Orte sind ebenso charismatisch wie Menschen. Seit über 30 Jahren reise ich nun schon mit dem 14. Dalai Lama von Hiroshima über Zürich und New York nach Indien. Oft – fast immer – habe ich selbst knallharte Journalisten oder Nichtbuddhisten lachen oder weinen

sehen, wenn der Dalai Lama in ihre Augen sah oder ihre Hand berührte. Das gleiche Phänomen ist auch bei seinem engen Freund, dem anglikanischen Friedensnobelpreisträger Des-
mond Tutu, zu beobachten. Charisma (aus dem Griechischen: „Gnadengabe") kann man
nicht vortäuschen. Es gibt auch keine Anleitung oder Erklärung für seine Wirkung. Manche
Menschen und Orte ziehen uns einfach magisch an und geben uns Antworten auf unge-
stellte Fragen.

Wir hoffen, dass Sie die Lektüre dieser hier zusammengestellten Auswahl besonderer
Orte zum Nachdenken über Ihre eigenen Lieblingsorte anregt. Finden Sie Angkor Wat inspi-
rierender als das nahe gelegene Banteay Srei? Besitzt Bolivien nicht einen Zauber, den Peru
vielleicht schon verloren hat? Eine Liste wie diese soll Sie dazu inspirieren, Ihre eigene Liste
zu erstellen, auf der sich vielleicht Orte ganz in Ihrer Nähe wiederfinden. Als ich Mitte
Zwanzig war, reiste ich von Bali nach Havanna und von dort nach Reykjavik weiter, auf der
Suche nach einem Ort jenseits von Raum und Zeit. Ich kam unerfüllt nach Kalifornien
zurück – und fand mein ersehntes Himmelreich in einem Kloster, drei Autostunden von
meinem Zuhause entfernt.

Um es mit Proust zu sagen: Wir reisen nicht, um neue Länder zu sehen, sondern um
etwas mit neuen Augen zu betrachten – auch bekannte Orte. Und wie schon Emerson
bemerkte, haben wir diese Augen auch, wenn wir nur zu Hause sind. Doch manche Orte
zwingen uns zu einer neuen Betrachtungsweise, indem sie uns aufwühlen oder ganz still
werden lassen. Gegen Ende des letzten Jahrhunderts bat mich der Redakteur eines Online-
Magazins, über einen „heiligen Ort" zu schreiben. Ich wusste, dass er dabei an Orte wie
Machu Picchu oder Stonehenge dachte. Ich beschrieb jedoch meinen Schreibtisch aus hellem Holz. Der Redakteur bat mich um einen zweiten Text, den ich über meine Erinnerungen
schrieb. Wäre ich nie in Griechenland und Myanmar gewesen, hätte ich nie sprachlos vor
Ayers Rock und Notre-Dame gestanden – ich kann nicht sagen, ob ich die Magie meines
Schreibtisches oder die Fülle meiner Erinnerungen hätte erfassen können. Die innere Reise
beginnt nicht nur an einem wundersamen Ort, sie führt uns immer weiter und eröffnet
neue Wege, ganz gleich, wo wir sind.

Utah, USA

BRYCE CANYON

Die mächtigen Felsnadeln, die aus den Hochplateaus Colorados herausragen, werden „Hoodoos" genannt. Der Name stammt von den Paiute-Indianern, die vor der Ankunft der Europäer in diesem Teil Utahs lebten. Die Paiute glaubten, diese komplexen Gebilde seien Ahnen aus ferner Vorzeit, teils Menschen, teils Tiere, die zur Strafe für unbekannte Vergehen für immer versteinert wurden. Die Hoodoos sind ein unverwechselbares Merkmal einer Landschaft, die verzaubert und verflucht zugleich erscheint.

Viele der Hoodoos im Bryce Canyon tragen klangvolle Namen. Der wohl bekannteste ist „Thors Hammer", ein majestätisch aufragender, keulenschwingender Riesenarm aus Fels, der aussieht, als könne er jeden Moment fallen. Andere Formationen heißen „Fensterwand", „Schachfiguren", „Tower Bridge" oder „Große Treppe" und sind das Ergebnis der Erosion vieler Tausender Jahre. Der Landvermesser T. C. Bailey bemerkte 1876 staunend: „Die tiefen Höhlen und Felsräume ähneln den Ruinen von Schlössern, Kirchen und Gefängnissen. Ihre Schutzwälle, Türme, Zinnen, Nischen und Winkel bilden die wildeste, wundervollste Landschaft, die der Mensch je gesehen hat."

Das reiche Farbspektrum von rund 60 Nuancen im Kalk-, Sand- und Tonstein vollendet die Schönheit der Felsen. In der Hitze des Tages leuchten die Farben lebendig warm und im Abendlicht scheinen sie weich und dunkel, während die zackigen Schatten immer länger werden. Da es kilometerweit kein künstliches Licht gibt, herrscht hier in der Nacht totale Finsternis – eine Seltenheit in den heutigen USA. Manchmal kommen Besucher auch nachts, um voller Ehrfurcht den Sternenhimmel über dieser eindrucksvollen Kulisse zu betrachten.

LINKS: Sonnenuntergang im Bryce Canyon. Den Legenden der Paiute-Indianer nach sind die vielgestaltigen Hoodoos versteinerte Ahnen.

UNTEN: Die 28 strahlenförmigen
Speichen des Medizinrades von
Bighorn, das vielleicht als heilige
Jahreszeitenuhr fungierte.

Wyoming, USA

MEDIZINRAD VON BIGHORN

Das Medinzinrad von Bighorn befindet sich am Ende eines holprigen Pfades, hoch auf dem Berg, der zehn Monate des Jahres von Schnee bedeckt ist. Hier erhält man nicht nur einen atemberaubenden Blick auf den Bighorn-Gebirgszug in Wyoming, sondern auch auf ein rätselhaftes, jahrhundertealtes Monument, das auf 3000 Metern Seehöhe inmitten einer der größten heiligen Landschaften der Welt liegt. Das Medizinrad ist die bekannteste und außergewöhnlichste der rund 150 heiligen Stätten in Wyoming, South Dakota, Montana, Alberta und Saskatchewan.

Es besteht aus hellen Steinen und Felsbrocken aus Gletschergeröll, das es hier in großen Mengen gibt. Die Steine bilden einen Kreis, knapp 30 Meter im Durchmesser. 28 Linien führen von der steinernen Nabe in der Mitte nach außen, wie die Speichen eines Rades – oder wie die 28 Dachsparren einer indianischen Zeremonienhütte.

Außerhalb des Kreises befinden sich fünf weitere kleine Steinhaufen und ein sechster liegt etwas weiter entfernt. Sie weisen Nischen auf, die genau für einen Menschen Platz bieten. Wer zur Sommersonnenwende bei Sonnenaufgang in der sechsten Nische sitzt, sieht die Sonne exakt über dem mittleren Steinhaufen aufgehen, in dem vielleicht einmal ein Pfahl steckte. Die anderen Steinhaufen sind auf den Sonnenuntergang der Sonnenwende ausgerichtet beziehungsweise auf die heliakischen Aufgänge der Sterne Fomalhaut, Aldebaran, Rigel und Sirius.

Das Medizinrad könnte als eine Art heilige Jahreszeitenuhr oder als Sonnenkalender von einem der hier beheimateten Indianerstämme der Crow, Cheyenne oder Arapaho errichtet worden sein. Mehr weiß man darüber leider nicht, auch nicht über die Zeremonien und Rituale, die einst hier stattfanden. Zahlreiche Opfergaben rund ums Monument lassen darauf schließen, dass das Rad auch heute noch für Indianer und andere Besucher eine heilige Stätte und ein Ort der „Medizin", der Kraft des Geistes, ist.

Nazca-Wüste, Peru

NAZCA-LINIEN

Piloten, die an der Küste Perus entlangfliegen, kennen die Region zwischen Anden und Pazifik als eine der ödesten Gegenden der Erde. Die Wüste aus Sand und Stein wird nur gelegentlich von grünen Tälern unterbrochen, durch die Schmelzwasser aus den hohen Bergen zur Küste fließt. Aber zwischen den Flüssen Nazca und Ingenio durchbricht ein ungewöhnlicher Anblick die Monotonie. Hunderte von riesigen, komplexen Scharrbildern durchziehen das karge Land: die Nazca-Linien. Sie sind seit über 1000 Jahren unberührt und in der regenarmen Gegend kaum der Erosion ausgesetzt. Erst die Überflüge im 20. Jahrhundert enthüllten ihre Ausmaße, denn viele der größeren Bilder sind nur aus der Luft ganz zu erkennen.

Der umstrittene Schweizer Autor Erich von Däniken machte die Linien erstmals einem breiteren Publikum bekannt. Er behauptete, dass das größte Bild (etwa 12 km lang) als Landebahn für außerirdische Raumschiffe geschaffen worden sei. Nur wenige Wissenschaftler schenken seinen Theorien Glauben, die meisten rätseln jedoch selbst über die Gestalten und ihren Nutzen. Es sind figürliche Darstellungen von Delphinen, Kolibris und anderen Tieren und auch abstrakte Muster. Allem Anschein nach war die Schaffung der Linien einfach: Der verwitterte Stein an der Oberfläche wurde weggescharrt, um die darunterliegende helle Erde zum Vorschein zu bringen. Aufgehäufter Kies entlang der Linien lässt die Form hervortreten.

Unklar bleibt, wozu sie geschaffen wurden. Die Nazca-Kultur erlebte im 4. und 5. Jahrhundert n. Chr. ihre Blütezeit. Die Menschen, die das Flusstal bewohnten, stellten Töpferwaren her, begruben ihre Toten in der Hockerstellung und führten sogar komplexe chirurgische Eingriffe durch. Ihr größtes Vermächtnis sind jedoch die rund 350 Bilder in der nördlichen Wüste: eine riesige Freiluftgalerie, die wohl nur für die Augen der Götter bestimmt war.

OBEN: Luftaufnahme eines der riesigen, geheimnisvollen Bilder in der peruanischen Wüste, geschaffen vor Tausenden Jahren vom Nazca-Volk. Die oberste Steinschicht wurde entfernt und die so entstandenen Linien mit aufgehäuftem Kies weiter hervorgehoben.

Panajachel, Guatemala
LAGO DE ATITLÁN

Drei Vulkane erheben sich am Südufer dieses hoch gelegenen Kratersees. Bei Sonnenaufgang erscheint er silbergrau und still. Nur ein paar kleine Fischerboote aus Avocadoholz stören seine Ruhe. Mit der Wärme der Sonne kommen die Wolken und verhüllen die Gipfel. Abends kommt oft Südwind auf, der meterhohe Wellen entstehen lässt, und die Vulkane werden zu dunklen Silhouetten in der Dämmerung.

Lago de Atitlán, der „Ort des Wassers", ist der tiefste See Mittelamerikas. Wie tief genau, das weiß niemand. Und er birgt ein Geheimnis: In seinen Tiefen ruhen seit 2600 Jahren die Überreste antiker Städte. In den 1960er-Jahren zog seine mystische Schönheit Reisende aus dem Westen an. Heute, selbst nach drei Jahrzehnten des Bürgerkriegs, leben immer noch Hippies in der Uferstadt Panajachel, die den Spitznamen „Gringotenango" („Ort des Gringos") trägt. In den abgelegeneren Dörfern entlang des Seeufers ist die einheimische Kultur noch unverfälscht. Im Dorf Santiago Atitlán verehrt man die 90 Zentimeter große Holzfigur Maximón, deren Kopf jährlich neu geschnitzt wird. Hier im Hochland tragen die Maya noch traditionelle, handgewebte Kleidung, die häufig mit Blumen und Vögeln bestickt ist. Maximón trägt Lederschuhe und ist in Seidentücher gehüllt. Jedes Jahr zu Ostern beherbergt ihn eine andere Familie im Dorf. Die Gastgeber schmücken für ihn einen Raum mit Fahnen, Plastikblumen und Christusstatuen und bieten Opfergaben dar. Die verheirateten, männlichen Mitglieder der Familie bewachen den Gott abwechselnd und bringen ihn jede Nacht zu Bett.

Jedes Dorf am See trägt einen Maya-Namen sowie den eines Heiligen. Die erdbebensicheren Kirchen sind mit heiligen Maiskolben und Winden verziert. Die Statuen im Inneren tragen heimische Tracht und Schamanen führen Rituale mit Räucherwerk durch. Die Maya am Lago de Atitlán haben den Glauben der spanischen Eroberer angenommen und an ihre eigene Tradition angepasst.

RECHTS: Ein Steg mit Blick auf einen der drei Vulkane am Südufer des Lago de Atitlán

OBEN: Die „White House"-Ruinen sind die Überreste einer Anasazi-Siedlung in einer Felsspalte des Canyons. Die Felswand ist mehr als doppelt so hoch wie der abgebildete Ausschnitt.

RECHTS: Der „Spider Rock" steht an der Kreuzung zwischen Canyon de Chelly und dem Monument Canyon. Die einheimischen Navajo-Indianer glauben, dass in seiner Spitze die Spinnenfrau lebt.

Arizona, USA

CANYON DE CHELLY

Dieser weite, gewundene Canyon liegt im Herzen des Navajo-Gebiets, zwischen den vier heiligen Bergen des Stammes. Ein Fluss aus den Tunicha Mountains formte die steilen roten Wände der Sandsteinlandschaft, deren zerklüftete Formen und schroffe Felsen von Tausenden Jahren Verwitterung und Erosion zeugen - und damit dramatisch den Lauf der Zeit dokumentieren.

In horizontalen Felsspalten hoch über dem Canyon wurden Siedlungen aus dem Stein geschlagen. Hier befanden sich die Behausungen der Anasazi-Indianer. Die „White House"-Siedlung aus dem 11. Jahrhundert ist nach ihrer Außenwand aus weißem Gips benannt. Hier lebten einst über 100 Menschen. Ganz in der Nähe zieren komplexe Symbole und Malereien die Wände. Sie zeigen dekorative Muster oder Szenen aus der Geschichte, wie zum Beispiel die Ankunft der spanischen Eroberer. Seit dem 18. Jahrhundert wird die Gegend von den Navajos verwaltet und bewohnt. Der Canyon ist als National Monument geschützt.

An der Kreuzung zwischen dem Canyon de Chelly und dem Monument Canyon steht der „Spider Rock", eine rund 240 Meter hohe Säule aus Sandstein, die ihren enormen Schatten auf die Landschaft wirft. Die Legenden der Navajo- und Hopi-Indianer besagen, dass in der Felsspitze die Spinnenfrau wohnt. Diese mächtige Göttin gilt als eine Mittlerin zwischen den Göttern und den Menschen und soll den Navajos das Weben beigebracht haben. Sie wird als Beschützerin ihres Volks verehrt, aber auch gefürchtet. So soll sie ungehorsame Kinder in ihr Versteck gebracht und verschlungen haben. Für die Einheimischen ist die turmhohe, heilige Felsnadel auch heute noch ein starkes Symbol ihrer Kultur.

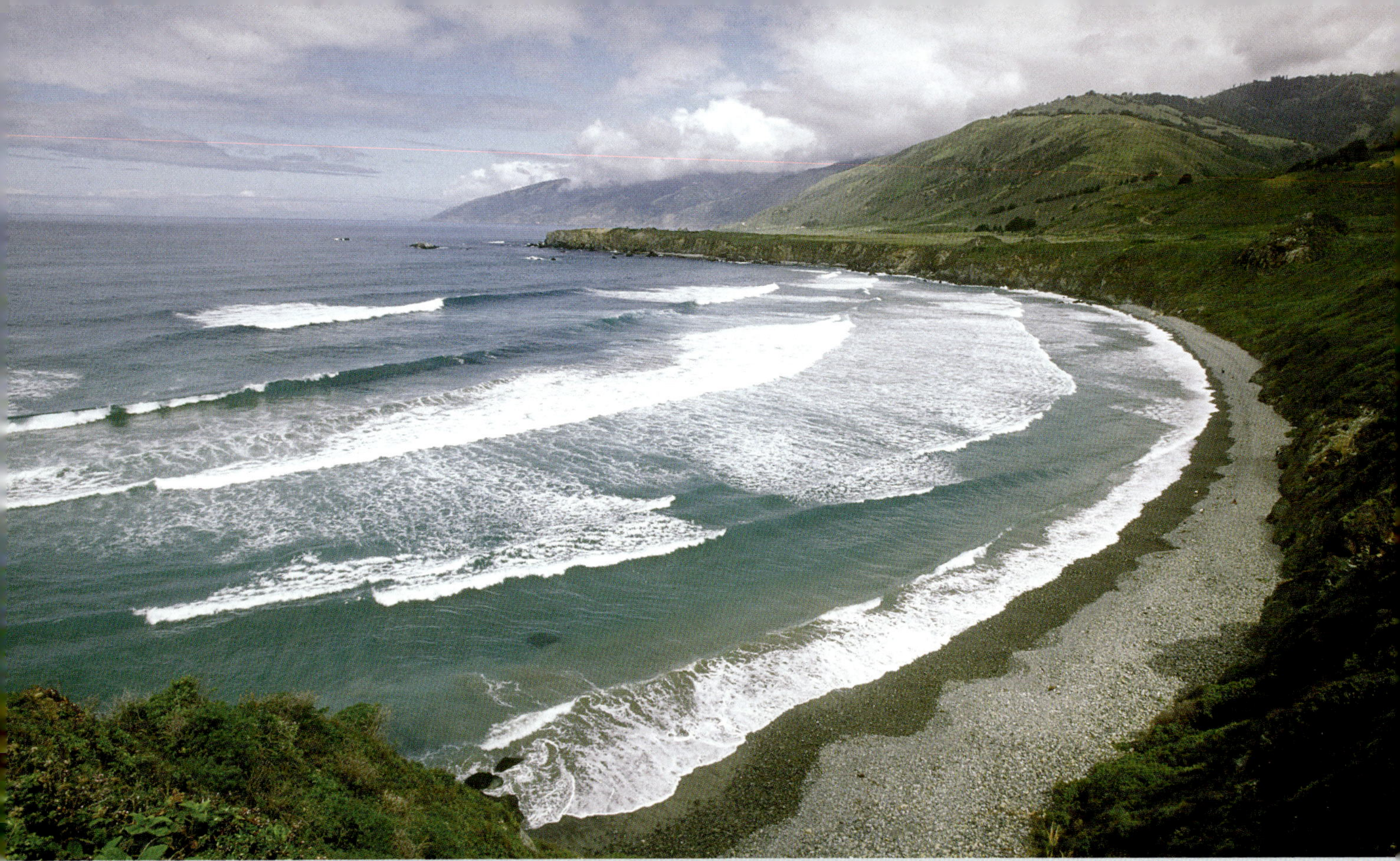

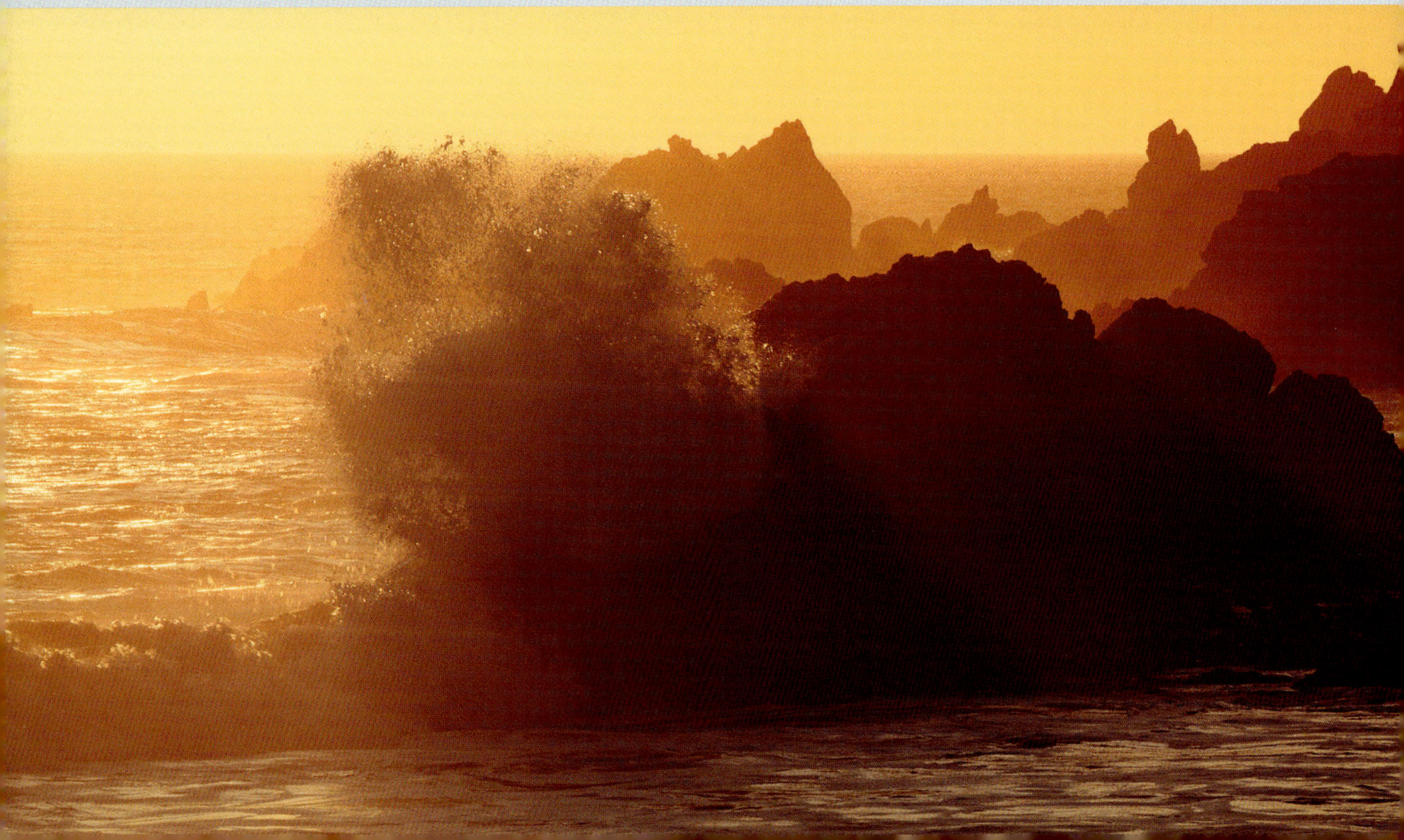

Kalifornien, USA

BIG SUR

VON PICO IYER

Eine Küste nicht von dieser Welt

Dieses majestätische Stück Felsküste am Pazifik ist oft tagelang durch dichten Nebel von der Welt abgeschnitten. Man hört nichts als die Wellen, die an den Felsen brechen. Doch nicht nur in solchen Zeiten ist dieser 140 Kilometer lange Küstenstreifen in der Mitte Kaliforniens eine Welt für sich. Die vorherrschenden Landschaftsmerkmale sind schroffe Felsen, Wälder von Küstenmammutbäumen und das Meer, so weit das Auge reicht. Wenn man hier ankommt, verschwinden alle Gedanken an den Alltag auf wundersame Weise. Noch nie auf meinen zahllosen Reisen habe ich mich so gefühlt wie hier: wie in einer fremden Welt, in der Raum und Zeit grenzenlos sind.

Offiziell ist Big Sur eine kleine Reihe von Geschäften entlang einer zweispurigen Straße. Hier leben knapp 2000 Einwohner über 650 Quadratkilometer verstreut. Der Name stammt von spanischen Forschungsreisenden, die die Gegend vor einem halben Jahrtausend bereisten. Sie waren tief beeindruckt vom „el país grande del sur", dem „großen Land im Süden". Zuvor kannten nur die Stämme der Esselen und Salin, die sich größtenteils von Meeresfrüchten und Eicheln ernährten, diese märchenhaft schöne Welt. Auch heute blockieren nach den winterlichen Regenfällen Erdrutsche oft wochenlang den Highway One, die einzige Verbindung zur Außenwelt. Und im Sommer verwandeln Waldbrände die Hügel in schwarze Erde.

Seit Jahrzehnten zieht es Aussteiger aller Art hierher – Künstler, gesellschaftliche Außenseiter und Sinnsuchende, die eine kuriose, unabhängige Gemeinschaft bilden. Der amerikanische Dichter Robinson Jeffers ließ sich nahe Carmel einen Turm erbauen, in dem er schreiben und „das Erhabenste, das ich je sah" überblicken konnte. Henry Miller kam von Griechenland nach Big Sur und träumte von der Entstehung einer idealen Gemeinschaft, „erfüllt von Gott ... auch

wenn keines ihrer Mitglieder an ihn glaubt". Jack Kerouac schrieb ein 22-seitiges Gedicht über das Wogen, Tosen und Seufzen des Meeres an dieser Küste. Hunter S. Thompson arbeitete als Wachmann in den Thermalbädern des Esalen-Instituts, das seit nunmehr fast 50 Jahren als Zentrum für Bewusstseinsforscher wie Aldous Huxley oder Joseph Campbell dient.

Kein Wunder, dass hier in Big Sur das „Human Potential Movement" entstand, eine Bewegung zur Entwicklung unausgeschöpften menschlichen Potenzials. Wenn man in Deetjen's Big Sur Inn unter Mammutbäumen älter als das Christentum übernachtet (wo es weder Türschlösser, Telefone noch Fernsehgeräte, dafür einen offenen Kamin im Zimmer gibt) oder im Restaurant Nepenthes sitzt, das nach Homers Trank des Vergessens benannt wurde (von wo aus man Grauwale im Wasser beobachten kann), könnte man meinen, dass hier tatsächlich alles möglich ist. Seit 18 Jahren besuche ich immer wieder eine katholische Eremitage in den Hügeln von Big Sur. Ich erwache bei Sonnenaufgang vom Klang der Glocken – über mir nur ein Baldachin aus blauem Himmel, unter mir die schillernde blaue Oberfläche des Pazifiks. Nach Einbruch der Dunkelheit sehe ich nur die Lichter der wenigen Autos an der Küste entlang gen Süden verschwinden und mehr Sterne, als ich jemals zählen könnte. Viele Orte bieten Schönheit, Erhabenheit und Weite. Doch Big Sur erinnert mich am stärksten daran, dass man diese göttlichen Gaben auch in sich trägt.

LINKS OBEN: Sand Dollar Beach, einer der vielen Strände Big Surs und ein beliebter Rastplatz entlang des berühmten Highway One

LINKS UNTEN: Wellen brechen an den Felsen - ein typisches Bild für Big Sur.

LINKS: Küstenmammutbäume der Gattung *Sequoia*, zu der einige der größten Bäume der Welt gehören. Sie wachsen überall in Big Sur. Die Küstenwälder sind hier eines der drei vorherrschenden Landschaftsmerkmale, neben schroffen Felsen und dem Meer, das sich bis zum Horizont erstreckt.

GANZ LINKS: Landzungen in Big Sur. Während der Sommermonate ist die Gegend oft in Nebel gehüllt.

OBEN: Aus Stein gemeißelte Köpfe an einer Mauer der Kalasasaya, dem „Platz der stehenden Steine".

RECHTS: Ein Tor umrahmt eine Statue des „Zeptergottes", des Schöpfergottes Viracocha.

nahe La Paz, Bolivien

TIAHUANACO

In 3800 Metern Höhe, auf dem bolivianischen Altiplano, liegt eine der eindrucksvollsten Ruinen Südamerikas. Es handelt sich um die Überreste der Stadt Tiahuanaco, einst die Hauptstadt eines Königreichs, das sich von der Pazifikküste bis in den Norden Argentiniens erstreckte. Sie wurde von den Aymara, den Vorgängern der Inkas, erbaut, die ihre monumentale Baukunst den späteren Gründern des Inkareichs weitergaben.

Während seiner Blütezeit im 7. und 8. Jahrhundert n. Chr. war die Stadt das religiöse und administrative Zentrum der Aymara-Kultur. Pilger kamen von weit hierher, um die Tempel zu besuchen, die sowohl auf erhöhten Plattformen als auch auf tiefer liegenden Plätzen standen. Heute erinnern die Ruinen an diese Wallfahrtsorte und die hier abgehaltenen Zeremonien. Das bedeutendste der erhaltenen Bauwerke ist das Sonnentor, das in den Innenhof der Kalasasaya, des Haupttempels, führte. Das Tor wurde aus einem einzigen Steinblock gehauen und zeigt ein Bildnis des Schöpfergottes, den man auch den „Zeptergott" nennt.

Die Erbauer Tiahuanacos hatten keine Schrift und so bleibt dieser Kultur, die nur dank des nahe gelegenen Titicacasees in der kargen Puna-Landschaft überleben konnte, geheimnisvoll. Heute liegt dieser Süßwassersee, der zweitgrößte Südamerikas, 20 Kilometer nördlich der Stätte, damals reichte er bis an ihre Grenzen. Durch effiziente Bewässerungssysteme schufen die Einwohner fruchtbares Land. Sie hielten Lamas und Alpakas, die Fleisch und Wolle lieferten und als Lasttiere dienten.

Das wichtigste Erbe der Aymara ist ihre außerordentliche Baukunst. In den Tempelanlagen findet man sieben mal vier Meter große Monolithen mit einem schier unglaublichen Gewicht von rund 100 Tonnen. Das Werk der Baumeister Tiahuanacos gebietet Ehrfurcht und inspirierte Einheimische zu Geschichten über ein Volk von Giganten, deren übermenschliche bauliche Errungenschaften immer noch auf der windgepeitschten Hochebene stehen.

Ohio, USA

SERPENT MOUND

Hoch über dem Brush Creek und dem East Creek in Adams County, Ohio, schlängelt sich eine markante Erhebung entlang bewaldeter Hänge. „Schlängeln" trifft es auf den Punkt, denn vor rund tausend Jahren errichteten die Fort-Ancient-Indianer hier einen der größten und bemerkenswertesten Erdhügel der Welt, in Form einer riesigen Schlange: lang und gewunden, sechs Meter breit und etwa einen Meter hoch. Nur aus der Luft erkennt man seine eindrucksvolle Größe.

Am westlichen Ende des Hügels entrollt sich der Schwanz der Schlange aus einer Spirale und geht in einen sanft gewellten „Körper" über, der nach etwa 350 Metern in den Schlangenkopf mündet. In ihrem Maul hält die Schlange ein riesiges Ei, das am östlichen Ende des Hügels als eine ovale Form erkennbar ist.

Welchem Zweck mag sie gedient haben? Welche Rituale fanden hier statt? Für viele Indianervölker gilt die Schlange als Symbol der Fruchtbarkeit und Erneuerung. Auch andere Kulturen sehen den Ursprung allen Seins in einer „kosmischen Schlange" oder einem „kosmischen Ei". Zur Sommersonnenwende zeigt der Kopf des „Schlangenhügels" zur untergehenden Sonne. Die Wellen sind auf andere wichtige Zeitpunkte des Jahreskreises, wie der Tagundnachtgleiche oder dem Sonnenaufgang der Wintersonnenwende, ausgerichtet. Stellt das „Ei" etwa die Sonne dar, die zu Mittsommer von der Schlange „verschluckt" wird? Der Körper hat sieben Windungen – eine bedeutende Zahl in der Mystik der Indianer, deren Völker die Verantwortung über ihre Nachfahren „bis zur siebten Generation" übernehmen.

War der Great Serpent Mound Stätte eines Erneuerungsrituals, das die Reise der Sonne in den Winter und zurück feierte? Es gibt keine eindeutige Antwort auf diese Fragen. Die Schlange bewahrt ihr Geheimnis.

RECHTS: Die stattlichen Windungen des Great Serpent Mound. Die rätselhafte Figur ist über 380 Meter lang.

UNTEN: Die Basilika Sainte-Anne-de-Beaupré heute. Nach einem verheerenden Brand wurde sie 1926 neu erbaut. Sie gilt als Ort für Wunderheilungen und ist eine bedeutende katholische Pilgerstätte.

Québec, Kanada

BASILIKA SAINTE-ANNE-DE-BEAUPRÉ

Die Basilika Sainte-Anne-de-Beaupré zeugt von der Ausdauer einiger französischer Pioniere und Missionare, die um 1650 eine Gemeinde am Ufer des Sankt-Lorenz-Stroms in Québec gründeten. In Schneeschuhen und Kanus suchten die Siedler damals einen geeigneten Platz für ihr Dorf. „Neufrankreich" war eine lebensfeindliche Umgebung, doch der fruchtbare Boden der Hügel von Beaupré machte das schlechte Wetter und die ständige Bedrohung durch das Volk der Irokesen wett. So entstand hier langsam eine kleine christliche Gemeinde.

Diese Siedler von der anderen Seite des Atlantiks verehrten Anna, die Mutter der Jungfrau Maria. Sie gilt als Schutzpatronin der Seefahrer und die Siedler errichteten zu ihren Ehren eine kleine Holzkirche. Zu Baubeginn im Jahr 1658 vollbrachte die heilige Anna das erste Wunder in Beaupré. Der von Rheuma geplagte Zimmermann Louis Grimond legte die ersten drei Grundsteine der Kirche und wurde auf der Stelle geheilt.

Im Laufe der Zeit entwickelte sich die Kirche zur Pilgerstätte für Frankokanadier und Indianer. Nachdem sie mehrmals vergrößert worden war, erbaute man 1876 an ihrer Stelle die Basilika. Sie wurde immer wieder von Bränden und Stürmen beschädigt und musste mehrmals restauriert werden. Ein verheerender Brand im Jahr 1922 zerstörte sie beinahe vollständig. Doch nach jedem Wiederaufbau stand sie größer und prachtvoller da als zuvor.

Heute liegt die Basilika inmitten weitläufiger Gärten und ihre weißen Mauern strahlen unter blauem Himmel. Ihr Inneres wird durch 240 Buntglasfenster mit weichem Licht durchflutet. Schlichte Holzbänke erinnern an die bescheidenen Anfänge. Die Eichenstatue der heiligen Anna mit Maria am Arm trägt eine juwelenbesetzte Goldkrone. Abgelegte Krücken und Rollstühle in der Kirche sollen die heilende Kraft des Glaubens bezeugen, die seit über 350 Jahren Pilger aus aller Welt anzieht.

Rio de Janeiro, Brasilien

CHRISTUSSTATUE

Das Monumento Cristo Redentor (dt.: Christus der Erlöser) steht auf einem 700 Meter hohen Berg mit dem Namen Corcovado. Sie ist 635 Tonnen schwer, 40 Meter hoch und die Spannweite der ausgebreiteten Arme beträgt unglaubliche 30 Meter.

Den festen Platz in den Herzen der Brasilianer hat die Statue aber durch ihre Allgegenwärtigkeit erlangt. Vom sonnigen Strand bis in die schattigen Favelas – es gibt kaum einen Ort in der Stadt, von dem aus der Koloss aus Stahlbeton und Sandstein nicht zu sehen ist. Das Abbild des Erlösers, das mit weit ausgebreiteten Armen seinen Segen spendet, ist das weltbekannte Wahrzeichen der Stadt.

Steht man zu Füßen der Statue, wird man von ihren enormen Ausmaßen weit überragt und man muss schon einige Schritte zurücktreten, um das steinerne Gesicht überhaupt sehen zu können. Und während die einen nach oben in das göttliche Antlitz schauen, lassen die anderen ihren Blick über das atemberaubende Panorama Rios schweifen: über die herrliche Küstenlandschaft und die wild wuchernde, ruhelose Stadt.

Die Statue erreicht man nur mühevoll über verschlungene Straßen und ihr Bau dauerte dementsprechend lange: neun Jahre, von 1922 bis 1931. In einem katholisch geprägten Land verwundert es auch nicht, dass in den Sockel der Statue auch eine kleine Kapelle gebaut wurde. Sie ist der Marienerscheinung „Nossa Senhora Aparecida" („Erscheinung unserer Herrin") geweiht, die besondere Bedeutung hat, da Maria die Schutzheilige Brasiliens ist.

Die Christusstatue ist ein Symbol der Hoffnung und der Gegenwart Gottes. Sie ist nicht nur ein Beschützer der Menschen, die in ihrem Umkreis leben, sondern begleitet sie auch durch Freude und Leid. Und auch wenn sie Hunderte Meter über dem Meer aufragt, ist sie doch tief in der Seele Brasiliens verwurzelt.

OBEN: Die gewaltige Christusstatue kann man an fast jedem Ort in Rio de Janeiro sehen.

Wyoming, USA

DEVILS TOWER

VON JOSEPH MARSHALL III.

Ein wahrhaft erhebendes Monument

Der zerfurchte Monolith ragt zwischen Wüsten-Beifuß, Kiefern und dem spärlichen Präriegras Nordost-Wyomings empor, als wolle er nach den Sternen greifen. Er dominiert die flache Landschaft um ihn herum. Entstanden beim Auffalten der Rocky Mountains, besteht er aus vulkanischem Gestein. Für die Ureinwohner der nördlichen Plains Nordamerikas war er schon immer ein heiliger Ort.

Einst kamen sieben Mädchen hierher, um Beeren zu pflücken, als ein wilder Bär sie verfolgte. Sie flohen auf einen kleinen Hügel, wo sie sich in Furcht zusammenkauerten und den Großen Geist um Rettung anflehten. Dieser erhörte ihre Gebete und ließ den Hügel höher und höher werden, bis die Mädchen vor dem Bären in Sicherheit gebracht waren. Der erzürnte Bär versuchte vergeblich, den Hügel, der nun ein großer Berg geworden war, zu erklimmen, und zerkratzte ihn vor Wut. Als der Bär schließlich abließ und von dannen zog, brachte der Große Geist die Mädchen wohlbehalten ins Dorf zurück.

Einer indianischen Überlieferung nach entstand so der enorme Fels, den man Devils Tower („Teufelsturm") nennt. Die Indianer hatten viele Namen für ihn, wie „Bärenlager", „Hoch oben am Fels" oder „Geisterberg". Die tiefen Krallenspuren des Bären sieht man als gleichförmige Säulen aus magmatischem Gestein, die ihm das Aussehen eines überdimensionalen, zerkratzten Baumstumpfs verleihen. Daher stammt auch sein indianischer Name „Baumfels". Die offizielle Bezeichnung Devils Tower ist von „Berg des bösen Geistes" abgeleitet, einer falschen Übersetzung des unter den Indianern gebräuchlichsten Namens „Mateo Tepee" („Wohnsitz des Bären").

Der Berg wurde 1906 zum ersten National Monument der USA erklärt. Seine atemberaubende Schönheit zieht schon seit Langem viele Besucher in ihren Bann. Er hebt sich mit 400 Metern Höhe von der Prärie ab und seine fast vertikalen Hänge bieten eine große Herausforderung für die Tausenden Kletterer, die hier jedes Jahr ihre Kraft und ihr Können messen. Nur im Juni bleiben die meisten – leider nicht alle – Freizeitkletterer dem Berg fern, aus Respekt vor den Indianern, die dann traditionsgemäß am Fuß des Berges ihre heiligen Zeremonien abhalten. Dazu gehören der Sonnentanz, Schwitzhüttenrituale, Visionssuchen und Opfergebete. Schon seit unzähligen Jahren, lange bevor die Kletterer auftauchten, führen die Stämme hier ihre Rituale durch, um den Großen Geist zu ehren und ihre uralte Verbindung zum Berg zu stärken.

Ob in der Gruppe oder alleine, viele Indianer suchen den Devils Tower auf, um zu beten, zu meditieren, um geistige Führung zu bitten und sich mit Himmel und Erde zu verbinden. Ich glaube – und die Geschichte der sieben Mädchen bestätigt dies –, dass der Devils Tower in jeder Hinsicht eine erhebende Wirkung hat. Egal, ob man hier Erholung oder Erfüllung sucht, ob man den Blick zum Gipfel hebt, die steile Wand erklettert oder ein Gebet nach oben schickt: Hier fühlt man sich den höheren Sphären ganz nahe.

RECHTS: Devils Tower, oder „Bear's Lodge", ist vulkanischen Ursprungs. Viele Legenden ranken sich um den Monolithen, der für die Indianer eine Stätte für Visionssuchen und heilige Zeremonien ist. Man sagt, dass der Berg einst in die Höhe wuchs, um sieben Mädchen vor einem wilden Bären zu retten. Die Furchen an den Hängen sollen die Klauenspuren des Bären sein.

Lighthouse Reef, Belize

GREAT BLUE HOLE

Vom Weltraum aus sieht diese große unterseeische Doline wie ein riesiges Urzeitauge aus. Eine tiefblaue Pupille mit türkiser Iris blickt aus dem Korallenriff, das sie umgibt.

Während der Eiszeit war das Great Blue Hole ein weitläufiges Höhlensystem im Kalkstein, der Grundlage des Lighthouse Reef vor der Küste von Belize. Mit der Eisschmelze verschwanden die Höhlen im Wasser. Ihre Decken stürzten ein und formten einen Trichter von gewaltigem Ausmaß, mit einem Durchmesser von über 300 Metern. An seinem Rand ist das Wasser selbst bei Flut relativ seicht, erreicht in der Mitte jedoch eine Tiefe von 124 Metern, was das Loch bei Tauchern beliebt macht. Auch Meeresforscher und Umweltschützer werden davon angezogen: Jacques-Yves Cousteau führte 1972 eine Expedition hierher durch.

Im seichteren Wasser wimmelt es vor Leben: Das Korallenriff beherbergt Seeanemonen, Garnelen und Neongrun-

deln. Auch Kaiserfische, Falterfische, Papageifische und Meeresschildkröten findet man in dieser Unterwasserwelt. Weiter in der Tiefe leben nur wenige Tiere und das Wasser ist ruhig. In 70 Metern Tiefe bedeckt Schlick die Höhlenwände und mächtige Stalaktiten ragen in die Dunkelheit. In 40 Metern Tiefe kann man die schwarzen Umrisse der Überhänge erkennen, unter denen die eindrucksvolle Stalaktitenlandschaft beginnt. Die Tierwelt ist hier nicht außergewöhnlich, doch es gab Sichtungen von Bullen- und Hammerhaien. Hier kann man im wahrsten Sinne des Wortes völlig abtauchen. Die Stille und Weite des Wassers und der Klang des ein- und ausströmenden Atems sind für Taucher wie eine Meditation.

OBEN UND LINKS: Das Great Blue Hole ist erstaunlich tief und ein Magnet für abenteuerlustige Taucher.

Hawaii, USA

MAUNA KEA

Der Mauna Kea („weißer Berg") ist einer der fünf großen Vulkane der Insel Hawaii. Der Legende nach lebt hier die Schneegöttin Poli'ahu, Tochter des Himmelsgottes Kane. Ihr Schmelzwasser bewässert die Felder und die Bauern verehren sie in gleichem Maße, wie sie die Feuergöttin Pele fürchten, die den benachbarten Mauna Loa bewohnt.

Man sagt, dass die beiden Göttinnen vor Hunderten Jahren beim „Holua" in Streit gerieten. „Holua" ist eine traditionelle hawaiianische Sportart, bei der man auf langen Holzschlitten einen Grashang hinabsaust. Um Poli'ahus Fahrt zu behindern, beschwor Pele Lava aus dem Mauna Loa, dem „langen Berg". Poli'ahu bedeckte den Lavafluss jedoch mit dem eisigen Schnee, der fast das ganze Jahr über auf dem Mauna Kea liegt.

Der Vulkan Mauna Kea ist nicht aktiv und wissenschaftlichen Berechnungen zufolge ist er seit über 4000 Jahren nicht mehr ausgebrochen. Der Mauna Loa ist hingegen sehr aktiv und hält die Bewohner der Inselhauptstadt Hilo in Atem. Sie haben den Aschefäden, die der Vulkan in die Luft spuckt, sogar einen Namen gegeben: Peles Haare.

Passend zu seinen Göttersagen ist der Mauna Kea zur Pilgerstätte für viele Hawaiianer geworden. Sie wandern über die gespenstischen Aschekegel, auf der Suche nach dem „Mana", der göttlichen Kraft. Aufgrund der Höhenlage ist die Luft hier ziemlich dünn: Rein technisch gesehen, ist der Mauna Kea der höchste Berg der Welt. Vom Grund des Pazifiks gemessen, erreicht er eine Höhe von rund 10 000 Metern, davon liegen jedoch nur 4200 über dem Meeresspiegel. Nachts ist der Himmel über dem Mauna Kea atemberaubend klar und bezaubert nicht nur Hobby-Astronomen, sondern auch zahlreiche Wissenschaftler, deren Observatorien als kleine Punkte in der Mondlandschaft des Berges verschwinden.

UNTEN: Aschekegel aus vulkanischen Ablagerungen bilden eine dramatische Hügellandschaft nördlich des Mauna Kea.

Yucatán, Mexiko

PYRAMIDE DES ZAUBERERS

Dieses grandiose Bauwerk kennt man als „Pyramide des Wahrsagers" oder „Pyramide des Zauberers". Einer Legende nach hat es ein zauberkundiger Zwerg in nur einer Nacht erbaut, um eine Wette auf Leben und Tod gegen einen grausamen König zu gewinnen. Die Wahrheit hinter der Sage ist eine Geschichte bemerkenswerter menschlicher Ausdauer. Die Einwohner der antiken Mayastadt Uxmal (im heutigen Mexiko) begannen im 7. Jahrhundert n. Chr. mit dem jahrhundertelangen Bau von fünf ineinander verschachtelten Tempeln zu Ehren des Regengottes Chaac. Der Aufbau der Anlage zeugt von der komplexen Kosmologie der Maya.

Die Pyramide ist ein architektonisches Meisterwerk. Ihr rundes Fundament, die enorme Höhe von über 35 Metern und ihre steilen Wände machen sie einzigartig. Sie ist, wie das übrige Uxmal, sehr gut erhalten. Beim Aufstieg zum obersten Tempel, dem „Haus des Zauberers", fühlt man sich um 1000 Jahre in die Vergangenheit zurückversetzt.

Man betritt den Tempel durch einen Torbogen in der Form von Chaacs weit geöffnetem Mund. An anderen Stellen sieht man steinerne Gitter und Abbilder seines Gesichts. Die Maya verzierten die unteren Ebenen ihrer Pyramiden nur spärlich, wohingegen sie nach oben hin immer kunstvoller wurden. So bekommt man beim Aufstieg das Gefühl, die normale Welt zugunsten höherer Sphären hinter sich zu lassen. Die spanischen Eroberer vertrieben im 16. Jahrhundert die Maya und ihre Regengötter, doch die Ruinen von Uxmal und ihr berühmtester Tempel bewahren deren heilige Würde.

Die Invasoren gaben vielen Pyramiden neue, spanische Namen – möglicherweise waren sie von einer Spiritualität, die sie nicht verstanden, verunsichert. Hier jedoch taten sie gut daran, den Zauberer nicht zu stören.

Chichén Itzá, Mexiko

HEILIGER BRUNNEN

Reisende, die im 19. Jahrhundert zu den Ruinen der Maya-Stadt Chichén Itzá im Norden der mexikanischen Halbinsel Yucatán kamen, spürten die unheilvolle Kraft des „Cenote", der mächtigen Doline in ihren Mauern. Dieses auf natürliche Art entstandene Kalksteinloch hat einen Durchmesser von 60 Metern, eine 20 Meter Tiefe und ist mit algengrünem Wasser gefüllt. Die senkrechten Wände bieten den Pflanzen, die in den Ritzen und Felsvorsprüngen wachsen, ausreichend Platz und Licht. Einer der frühen Besucher schrieb, dass „eine geheimnisvolle Macht [den Brunnen] umgab, die zu den Überlieferungen, dass er eine Pilgerstätte war und man Menschenopfer in ihn warf, passte".

Untersuchungen zu Beginn des 20. Jahrhunderts erbrachten den Beweis. Die Überreste von mindestens 42 Lei-chen wurden aus den Tiefen des „Cenote" geborgen. Sie waren mit dem Versprechen eines glücklichen Lebens nach dem Tod geopfert worden. Heute hat der Brunnen seine grausame Vergangenheit hinter sich. Mehr als 500 Jahre nachdem das letzte Opfer hier starb, ist der Schrecken verblasst und Frieden eingekehrt.

Der Brunnen war einst ein wichtiger Zeremonienplatz in der Stadt, die vor rund 1000 Jahren ein Aushängeschild der späten Maya-Kultur war. Chichén Itzá war die Hauptstadt der Itzá, eines Volkes mit Verbindungen zu den Tolteken Zentralmexikos. Sie waren erfolgreiche Händler und Krieger, ihr Wohlstand ist dokumentiert durch zahlreiche Fundstücke aus Kupfer, Jade, Obsidian und Gold – Artefakte, die einst als Opfergaben im Brunnen gelandet waren.

Alaska, USA

WRANGELL-ST.-ELIAS-NATIONALPARK

Das „Königreich der Berge" Nordamerikas ist eine eindrucksvolle, ungeheuer weite Wildnis. Es ist der größte Nationalpark der USA (sechsmal so groß wie der Yellowstone-Park). Hier stehen viele der höchsten Berge und Gletscher des Kontinents, einige davon sind über 5000 Meter hoch, wie zum Beispiel der Mount St. Elias, der zweithöchste Berg der USA.

In diesem Nationalpark treffen vier große Gebirgszüge im Grenzgebiet von Kanada und Alaska aufeinander: die Eliaskette und die Wrangell, Chugach und Nutzotin Mountains. Die Natur ist fast unberührt, wie zu Zeiten der Tlingit und der Chugachmiut, der Ureinwohner dieses Reservats. Die Indianer lebten im Einklang mit der von Felsen, Fichten und beeindruckenden Wolkenformationen geprägten Natur. Schamanische Priester, Heiler und Lehrer beschworen Erd- und Tiergeister in einer Welt der natürlichen Gegensätze von Luft und Erde, Wald und Meer, Feuer und Eis.

Der Mount Wrangell ist ein aktiver Vulkan. Im schneebedeckten Hochland gibt es Gletscher und Vorkommnisse von Kupfererz. Auf seinem Weg zum Meer fließt der Copper River durch die Nadelwälder der Wrangell Mountains, vorbei an Blaubeerbüschen und Wildrosen. Hier findet man grasende Elche und Karibus, streunende Grizzlys und Schwarzbären. Millionen Lachse tummeln sich in seinem Wasser. Die reichen Kupfervorkommen wurden im frühen 20. Jahrhundert in den Kennicott-Minen von den Siedlern abgebaut.

Heute ist Kennicott eine Geisterstadt und die verlassenen Minen sind Zeugen einer einst blühenden Industrie. Auch wenn hier kaum noch Menschen leben, beherbergt der rund 53 000 Quadratkilometer große Park eine vielfältige Tierwelt. Sein Reiz entsteht aus der völligen Abgeschiedenheit und der Möglichkeit, ein gänzlich naturbelassenes Gebiet zu erkunden.

RECHTS: Ein aus dem Wasser des Kennicott-Gletschers entstandener Teich im Wrangell-St.-Elias-Nationalpark.

Minnesota, USA

PIPESTONE

VON JOSEPH MARSHALL III.

Ein Ort des Friedens

Das Pipestone National Monument im Südwesten Minnesotas liegt am Rande einer wunderschönen, weiten Hochgrasprärie. Hier wird in rund 50 Steinbrüchen weicher, roter Catlinit („pipestone") abgebaut. Allerdings nicht zu kommerziellen Zwecken: Dies ist ein heiliger Ort und nur die Indianer dürfen dieses seltene Gestein abbauen. So taten dies schon ihre Vorfahren, die oft aus Hunderten von Kilometern entfernten Stammesgebieten anreisten.

Der Legende nach schenkte der Große Geist allen Stämmen den roten Tonstein, damit sie heilige Tabakspfeifen daraus fertigen konnten. Auch heute noch werden aus dem „Pfeifengestein" Pfeifenköpfe gefertigt. Der Rauch soll in heiligen Zeremonien Gebete zu den Ahnen und dem Großen Geist tragen. Jeden Sommer kommen Indianer von weit her, um – nach Jahren auf der Warteliste – hier nach Stein zu graben.

Die stille Schönheit dieses Ortes zieht neben den Nachfahren der ersten Steinklopfer auch andere Besucher an. Entlang der Wanderwege am Pipestone Creek bildeten sich im Laufe der Zeit Formen aus den Felsen, die an Gesichter erinnern. Am auffallendsten ist das „Orakel", das dem markanten Profil eines weisen Ahnen gleicht. Diese Hüter aus Stein wachen über die beschaulichen Wälder, die sanft plätschernden Winnewissa Falls und das Gebiet, in dem die Indianer den traditionellen Sonnentanz aufführen. Am Ufer des nahe gelegenen Lake Hiawatha liegen die „Three Maidens", drei Jahrtausende alte Gletscherfelsen. Benannt ist der See nach der Heldin aus Henry Wadsworth Longfellows Gedicht „Hiawatha" aus dem Jahr 1855, das die heiligen Pipestone-Steinbrüche erwähnt.

Longfellow selbst hat diesen Ort nie gesehen, doch die Beschreibungen des ersten weißen Besuchers, George Catlin, inspirierten ihn. Catlin war ein Künstler aus Pennsylvania, der die nördlichen Prärien bereiste und historisch wertvolle Zeichnungen von vielen Indianerstämmen anfertigte. Im Jahr 1836 besuchte er die Steinbrüche und entnahm Proben des weichen, leicht formbaren, rosa bis blutroten Gesteins, das in weiterer Folge nach ihm benannt wurde.

Jahrelang lebten vor allem die Dakota und Nakota im Umkreis der Pipestone-Steinbrüche. Das sind zwei der drei Völker der Stammesgruppe, der auch die Lakota angehören. Während der langen Zeit der Enteignungen wurden viele Stämme in Reservate weiter westlich umgesiedelt und die kleine Stadt Pipestone entstand zwei Kilometer südlich der Steinbrüche. 1937 wurde das 1,1 Quadratkilometer große Gebiet zum ersten National Monument Minnesotas erklärt und die Indianer erhielten das alleinige Recht, hier wieder ungehindert Stein abzubauen.

Früher wurden die heiligen Pfeifen fälschlicherweise „Friedenspfeifen" genannt, da die Indianer sie bei Vertragsabschlüssen mit den Weißen rauchten. In einer Hinsicht passt dieser Name aber: Gemäß der Überlieferung erklärte der Große Geist Pipestone zur heiligen Stätte, in der Waffen verboten waren und verfeindete Stämme in friedlichem Miteinander arbeiten sollten. Heute gehören die meisten Stammesfeindschaften ohnehin der Vergangenheit an, aber die Indianer haben nicht vergessen, dass ihre Vorfahren an diesem Ort Waffen und Streit beiseite legten. Auch anderen mag die Schönheit dieser Stätte innere Ruhe bescheren und Pipestone bleibt so für alle Besucher ein Ort des Friedens.

RECHTS: Schatten auf dem roten Gestein. Pipestone ist eine heilige Stätte der Indianer. Seit Tausenden Jahren bauen sie hier Stein ab, um daraus Pfeifenköpfe für Zeremonienpfeifen herzustellen.

Provence, Frankreich

ABTEI SÉNANQUE

Der Duft von blühendem Lavendel erfüllt die Sommerluft. Aus den steinernen Mauern der Notre-Dame de Sénanque erklingen gregorianische Choräle. Die Abtei ist eine der „drei Schwestern", wie man die drei bedeutenden Zisterzienser- klöster der Provence nennt. Sie liegt in einem abgeschiede- nen Tal und ihre schlichte, harmonische Bauweise erinnert an Stille, Beständigkeit und Kontemplation.

Die ersten Zisterziensermönche kamen 1148 aus dem Kloster Mazan in der heutigen Ardèche hierher. Sie lebten in ärmlichen Hütten, bis Schenkungen der Familie Simiane im Jahr 1178 die Errichtung der Abteikirche ermöglichten. Die Zisterzienser sind ein katholischer Orden, der sich der Askese und Arbeit verschrieben hat. 1098 gegründet, wuchs die Gemeinschaft im 12. Jahrhundert unter dem Einfluss von Bernhard von Clairvaux rasch an. Im Gegensatz zu anderen Abteien erhoben die Zisterzienserklöster keinen Zehnten oder andere Steuern, sondern betrieben Landwirt- schaft. Auch heute noch bilden der Lavendelanbau und die Imkerei die Lebensgrundlage der Mönche von Sénanque.

Die Grundideale der Zisterzienser sind Disziplin, Beschei- denheit und Einfachheit der Lebensweise, und diese spie- geln sich auch im Stil ihrer Klöster wider. Die Abtei Sénanque wurde nach dem Vorbild des Klosters Cîteaux bei Dijon gestaltet. Das Leben hier ist bescheiden. Der einzige beheizte Raum ist das Kalefaktorium. Es gibt keine Bunt- glasfenster, Gemälde oder reich verzierte Handschriften. Die Kalksteinsäulen der Kreuzgänge sind nur mit einfachsten Weinlaubreliefs verziert. Der lila Lavendel bildet einen strahlenden Kontrast zur Kargheit dieser Mauern und gemeinsam bilden sie eine harmonische Einheit.

LINKS: Lavendel vor der Abtei Sénanque. Die Bauweise der Abtei ist einfach und beschei- den, wie das Klosterleben der Zisterziensermönche.

Uffington, England

WHITE HORSE HILL

Schön und geheimnisvoll ist dieses stilisierte Scharrbild eines Pferdes, das vor Tausenden Jahren in den Berkshire Downs geschaffen wurde. Doch zu welchem Zweck?

Eine Theorie ist, dass es zur Huldigung der keltischen Göttin Epona geschaffen wurde, der Göttin der Pferde. Manche glauben, es sei ein Denkmal für den Sieg des Sachsenkönigs Alfred des Großen über die Dänen im Jahre 871. Wiederum andere sehen darin gar kein Pferd, sondern den Drachen, der der Sage nach vom heiligen Georg am nahen Dragon Hill erschlagen wurde. Dieser natürliche Kreidehügel hat eine abgeflachte Spitze, auf der Drachenblut vergossen worden sein soll, weshalb dort kein Gras mehr wächst.

Archäologen zufolge ist das White Horse mindestens 3000 Jahre alt. Erstmals erwähnt wird der „mons albi equi", der „Hügel des weißen Pferdes", in einem Schriftstück aus dem 11. Jahrhundert.

Fest steht, dass das Pferd aus 60 bis 90 Zentimeter tiefen Gräben besteht, in denen die darunterliegende Kreide sichtbar wird. Im Mittelalter fand hier alle sieben Jahre ein Reinigungsritual statt, bei dem das Gras zurückgeschnitten und die Konturen des Pferdes mit frischer Kreide verstärkt wurden.

Das größte Rätsel ist jedoch, wie und warum die Schöpfer des weißen Pferdes ein Bild formten, das man nur aus der Luft ganz erfassen kann: Es ist 114 Meter lang und 34 Meter breit. Da liegt die Vermutung nahe, dass das weiße Pferd von Uffington weniger für die Augen der Menschen als für jene der Götter bestimmt war.

FELSZEICHNUNGEN VON ALTA

Die Geschichte der Menschheit ist geprägt von einem Verlangen nach Kommunikation. Oft findet dies seinen Ausdruck im Erzählen von Geschichten oder im Hinterlassen von Spuren, wie man sie rund um die norwegische Stadt Alta findet, in Form von rätselhaften Felszeichnungen.

Sichtbar sind diese Petroglyphen allerdings nur, wenn sie nass werden. Dann sieht man einfachste Darstellungen von Menschen, die Boote bauen, angeln oder Musik machen, sowie von Rentierherden und Göttern in Bärengestalt. Sobald ein neues Felsbild entdeckt wird, werden dessen Linien mit rotem Ocker aufgefüllt und so dauerhaft sichtbar gemacht. Vermutlich wurden sie bereits bei ihrer Schaffung vor Tausenden Jahren auf ähnliche Weise verschönert.

Über die Menschen hinter diesen Felsbildern ist kaum etwas bekannt. Die rund 5000 Zeichnungen stammen aus der Zeit zwischen 4200 und 500 v. Chr. Die meisten befinden sich in Jiepmaluokta, was im samischen Dialekt der Gegend „Robbenbucht" bedeutet. Sie sind hier die einzigen Relikte einer prähistorischen Siedlung. Viele der in den Fels geritzten Menschen und Tiere sind mit horizontalen Spuren dargestellt, die die Richtung ihrer Bewegung verdeutlichen. Nur die Bären, von vielen alten Völkern Nordeuropas verehrt, kreuzen die Spuren der anderen Tiere und bewegen sich nach oben, himmelwärts. Dieses Detail könnte auf ihre Verbindung zum Jenseits hinweisen.

Holzstege führen Besucher über die Felsen, von den höchstgelegenen, ältesten Petroglyphen bis hinunter zu den jüngeren Zeichnungen in Küstennähe. Blickt man auf die kräftigen Linien, deren helles Rot aus dem grauen Stein leuchtet, und versucht man, ihre Bedeutung zu ergründen, spürt man eine tiefe Verbindung mit dieser alten Kultur, von der wir nur wenig wissen.

Torcello, Venedig

DIE BASILIKA SANTA MARIA ASSUNTA

VON JAN MORRIS

Heilige, melancholische Insel der Zuflucht

In einer Stadt wie Venedig, die von weltlichen Dingen wie Geld und Geltungsdrang dominiert wird, hat der Glaube kein einfaches Spiel. Das Umland, gut 500 Quadratkilometer Tidengewässer, bietet hier mehr Entfaltungsmöglichkeiten. Kleine Inseln ragen aus dieser nassen Welt, in der es von Booten und Kähnen wimmelt und die von Kreuzfahrtschiffen durchpflügt wird. Doch dieser Ort vermittelt ein Gefühl der Transzendenz. Als gäbe es hier mehr, als man sieht.

Heute, im 21. Jahrhundert, ist dieser Teil der Lagune weit abgelegen. Muschelbewachsene Pfähle zeigen den Weg durch das schlammige Wasser und die Silhouette der Stadt erscheint fern und unwirklich, wie eine Fata Morgana. Doch hier findet man versteckte Schätze, den vielleicht prächtigsten auf der kleinen Insel Torcello. Ein Kampanile steht wie ein einsamer Wächter rund 13 Kilometer von der Stadt entfernt.

Torcello ist vermutlich sogar älter als Venedig selbst. Als Plünderer aus dem heidnischen Norden in diesen Teil des Landes einfielen, flohen die Bewohner in die unbekannte Lagune. Eine Flüchtlingsgruppe aus Altinum ließ sich auf Torcello nieder und gründete unter der Leitung ihres Bischofs eine neue Stadt. In ihrer Blütezeit im Mittelalter war sie ein bedeutender Handelsort mit eigenen Schiffen und Produktionsstätten. Hier lebten bis zu 20 000 Einwohner und die Stadt war reicher und einflussreicher als Venedig. Doch mit dessen Aufstieg im 12. Jahrhundert begann der Untergang Torcellos. Die Straßen und Paläste verfielen, der Hafen verschlammte und die Bewohner verließen den Ort. Im 19. Jahrhundert erschien die Insel ihren Besuchern wie ein Symbol der Schwermut und ein Beispiel für die Vergänglichkeit des Stolzes – ein beschämendes Schicksal, das auch Venedig ereilte.

OBEN: Luftaufnahme der Insel Torcello und der umliegenden Lagune. Der Kampanile (Glockenturm) der Basilika Santa Maria Assunta ist gut zu erkennen.

LINKS: Die Kathedrale bei Sonnenuntergang, von der Lagune aus gesehen. Im Hintergrund ein Blick auf die schneebedeckten Alpen.

Bei Touristen ist Torcello immer noch beliebt – ein ideales Ausflugsziel für Sightseeing und ein Mittagessen im Freien. Nachmittags verlassen die Besucher die Insel wieder und wenn das Grollen der Motoren und Klicken der Kameras verstummt, kehrt himmlischer Frieden ein. Heute lebt nur mehr eine Handvoll Menschen hier, doch der Glanz vergangener Tage ist manchmal noch spürbar. Es ist an der Zeit, das heilige Wunder dieses Ortes zu betreten: die Basilika Santa Maria Assunta.

Von außen erinnert sie an eine Festung. Streng, schlicht und wehrhaft, mit ihrem enormen ziegelroten Kampanile und den steinernen Blenden, die ihre Fenster vor Stürmen und Angriffen schützen. Erst im Inneren entfaltet sich ihr sanfter Zauber. Wenn man das hohe, marmorne Kirchenschiff betritt, fällt der Blick zuallererst auf das Mosaik der „Madonna Hodegetria" – Maria der „Wegweiserin", in meinen Augen ein Glanzstück sakraler Kunst. Sie steht in der runden Apsis des Hochaltars: groß, schmal und voller Reue, mit Tränen auf den Wangen. Ich hörte einmal, wie ein Kind sie als „große junge Frau, die Gott auf dem Arm trägt" beschrieb.

Sie wirkt gebieterisch, doch auf liebevolle Art. Sie gebietet uns, gütig zu sein. Sie gebietet uns, über das Wunder der Bedeutung des Kindes in ihren Armen zu staunen. Sie gebietet uns, zu bedenken, dass es nicht Geld und Macht einer Metropole sind, die Erfüllung bringen, sondern auch ein stiller

Moment in einer alten Kirche auf einer verlassenen Insel. Ihre Tränen erinnern uns daran, dass auch die Trauer ein Teil des Lebens ist. Und sie mahnt uns zu mehr Toleranz. Vor über tausend Jahren entstand Torcello aus rassischen, ideologischen, theologischen und sogar spirituellen Konflikten. Ein Kampf der Kulturen brachte die Flüchtlinge – und die Madonna – auf diese Insel. Und derartige Konflikte gibt es in dieser Welt weiß Gott viele.

OBEN: Das Mosaik in der Apsis über dem Hochaltar stammt aus dem 12. Jahrhundert und zeigt die große Madonna über den versammelten Aposteln.

RECHTS: Das Kirchenschiff wurde im 11. Jahrhundert neu gebaut. Die korinthischen Marmorsäulen stammen aus Gebäuden des antiken Griechenlands. Die Einlegearbeiten des Bodens bestehen aus Stein und Glas.

Mývatn, Island

GOÐAFOSS WASSERFÄLLE

Viel Regen und Schnee sowie schmelzende Gletscher machen Island zu einem Land der Wasserfälle. Goðafoss ist mit 12 Metern Fallhöhe zwar nicht der höchste Wasserfall der Insel, dafür jedoch einer der spektakulärsten. Der Fluss Skjálfandafljót teilt sich und stürzt auf beiden Seiten der Insel Hrútey in zwei tosenden Bögen hinab. Die Luftfeuchtigkeit ist hier sehr hoch und hüllt die Umgebung in einen weißen Schleier. Das ohrenbetäubende Donnern der enormen Wassermassen, die gefährlichen Stromschnellen und die ungebremste Kraft des Wasserfalls setzen Urkräfte frei. Goðafoss liegt nur 100 Kilometer vom Polarkreis entfernt, das bedeutet Mitternachtssonne im Sommer und völlige Dunkelheit im Winter.

Der Wasserfall ist erdgeschichtlich relativ jung und sein Lauf veränderlich. Das Vulkangebiet im Nordosten Islands liegt auf der Trennlinie zwischen den eurasischen und nordamerikanischen Kontinentalplatten. Hier sieht man die Auswirkungen der Plattentektonik: Geysire, Schwefelhänge, brodelnde Schlammquellen, rauchende Krater, Lavasäulen und eine gespenstisch schwarze Hochlandwüste.

Die Wasserfälle haben auch historische Bedeutung, wie im 11. Jahrhundert der isländische Geschichtsschreiber Ari der Gelehrte festhielt. Im 9. Jahrhundert besiedelten heidnische Wikinger Island. Als König Olaf von Norwegen 1000 n. Chr. zum Christentum konvertierte, zwang er auch die isländischen Wikinger dazu. Als sich diese weigerten, stellte er den Handel mit ihnen ein und es wäre beinahe zum Bürgerkrieg gekommen. Der Heidenpriester Thorgeir, der als Vermittler hinzugezogen wurde, entschied, dass das Christentum eingeführt werden sollte, doch heidnische Rituale wie der Verzehr von Pferdefleisch und das Töten überzähliger Kinder weiterbestehen sollten. Um seine Entscheidung zu bekräftigen, warf er alle heidnischen Götterstatuen in den Wasserfall, den man seitdem Goðafoss – Götterwasserfall – nennt.

RECHTS: Die tosenden Goðafoss-Fälle, von der Insel Hrútey geteilt.

Amsterdam, Niederlande

OUDE KERK

Die Oude Kerk („alte Kirche") heißt so, weil sie die älteste Kirche – und zugleich das älteste Bauwerk – Amsterdams ist. Sie wurde 1306 geweiht und steht mitten im heutigen Rotlichtviertel der Stadt. Sie ist architektonisch so in ihre Umgebung eingebettet, dass sie ganz natürlich daraus entstanden scheint. Die Oude Kerk ist eine Kirche der Menschen, die Geistiges und Weltliches vereint.

Der gewaltige Bau erstreckt sich über 3300 Quadratmeter und ist das Ergebnis zahlreicher Umbauarbeiten. Im Laufe von 700 Jahren hat sich die Oude Kerk gemeinsam mit der Stadt entwickelt. Ihre Kapellen sind mittlerweile fast so zahlreich wie ihre Bauphasen. In ihrem Boden sind 2500 Grabsteine ihrer Gemeinde eingelassen und rund 10 000 Amsterdamer sind unter ihr begraben.

Einst war die Kirche als „Gemeinschaftsraum der Stadt" bekannt. Im frühen 16. Jahrhundert, vor den puritanischen Säuberungsaktionen der Calvinisten, kamen hier die Einheimischen zusammen. Die Oude Kerk war Unterschlupf für Obdachlose, Marktplatz für Händler und Treffpunkt für Verabredungen aller Art. Nach 1566 wurden die Obdachlosen verbannt, die Kirche ihrer Heiligenbilder und Altäre entledigt und die Wandgemälde übermalt.

Heute ist die Oude Kerk ein beliebtes Reiseziel für Touristen und Pilger. In den weiten, kühlen Räumen hallen die Echos der Vergangenheit nach – und die Musik der beiden prachtvollen Orgeln. Das Eichengewölbe aus dem Mittelalter ist das größte seiner Art in Europa. Aufgrund seiner ausgezeichneten Akustik wird die Kirche von vielen bekannten Chören und Orchestern für Aufnahmen genutzt. Trotz aller Anstrengungen der Calvinisten trägt die Oude Kerk noch immer die untilgbare Spuren der Menschen, die sie prägten und die in ihren Mauern ruhen.

LINKS: Das riesige Kirchenschiff der Oude Kerk, der ältesten Kirche Amsterdams. Seit den calvinistischen Säuberungen des 16. Jahrhunderts ist sie relativ schmucklos.

Bretagne, Frankreich

CARNAC

Wenn man in den Feldern des kleinen Dorfs Le Ménec bei Carnac steht und die Sonne die Nebelschwaden über dem Golf von Morbihan durchbricht, sieht man elf große Steine, die langsam aus der Morgendämmerung auftauchen. Der Nebel lichtet sich und noch mehr Steine, aufgereiht wie ein Bataillon Soldaten, erstrecken sich bis zum Horizont.

Die Steinreihen von Carnac liegen in einer Landschaft, die in der Jungsteinzeit als heilig galt. Sie bestehen aus rund 3000 Menhiren und Dolmen, die in 100 großen und kleinen Reihen aufgestellt sind. Untersuchungen ergaben, dass die Steinreihen aus der Zeit um 4500 v. Chr. stammen. Sie wurden also unglaublicherweise noch vor der Erfindung des Rades von Menschen, die nur einfache Werkzeuge aus Knochen und Stein besaßen, bearbeitet, transportiert und aufgestellt.

Doch warum wurden die Reihen errichtet? Einer bretonischen Sage nach sind sie ein versteinertes römisches Heer, das damit für die Verfolgung eines christlichen Heiligen bestraft wurde. Sie gelten auch als ein Fruchtbarkeitssymbol und frühe Gelehrte brachten sie mit den Druiden in Verbindung. Die Steine sind nach dem Sonnenstand während der Sonnenwenden ausgerichtet und die großen Steinkreise an den Enden der Reihen dienten vermutlich rituellen Zwecken.

Es macht den Anschein, als wären die Steinreihen nicht auf einmal, sondern im Laufe vieler Generationen errichtet worden, vielleicht als Denkmäler. Nach Osten hin werden die Steine immer kleiner, daher sehen nach Westen hin alle gleich groß aus. Kein anderes Bauwerk prägt die Landschaft so wie diese imposanten Megalithen.

Orkney, Schottland

RING VON BRODGAR

Der Ring von Brodgar gehört zu den schönsten Steinkreisen, und das nicht nur wegen seiner atemberaubenden Lage. Sein beeindruckender Durchmesser von 105 Metern hinterlässt eine Spur von Regelmäßigkeit in der prachtvollen, wilden Landschaft – eine kräftige Spur, die bereits seit 4000 Jahren besteht. 27 der ursprünglich 60 rund vier Meter großen Monolithe stehen noch. Eine unbeschreibliche, urtümliche Schönheit umfängt diesen Ort.

Eine Stätte dieser Art bezeichnet man in der Fachsprache auch mit dem aus dem Angelsächsischen kommenden Wort „Henge". Runen auf einem der nördlichen Steine weisen auf Besuche der Wikinger hin, die an heiligen Plätzen ihre Spuren hinterließen. Das Monument steht auf dem Ness of Brodgar, einer schmalen Landspitze zwischen zwei Meeresarmen. Auch dieser Name, der sich vom Altnordischen „nes" („Nase") ableitet, deutet auf die Wikinger hin. Der Steinkreis ist von einem Graben mit zwei erhöhten Eingangswegen umgeben und ganz in der Nähe steht ein einzelner, aufgerichteter Menhir, der Comet Stone.

Wahrscheinlich sind die Sichtachsen, die einzelne Steine und umliegende Hügel miteinander verbinden, auf die Sonnenauf- und -untergänge an den Sonnenwenden ausgerichtet. Auch einige der Menhire außerhalb des Kreises gehörten vermutlich dazu. Die Steine stammen aus verschiedenen Steinbrüchen Orkneys und der gemeinsame Bau des Rings erzeugte vielleicht Gemeinschaftssinn. Der Steinkreis könnte vielerlei Zwecken gedient haben. Heute bringt er Besucher zum Staunen, besonders bei wechselhaftem Wetter. Ein Regenbogen über dem Kreis ist wie eine mystische Erscheinung. Ein stärkerer Gegensatz als zwischen diesem vergänglichen Geschenk des Himmels und dem beständigen, würdevollen Stein unter ihm ist kaum vorstellbar.

Essex, England

ST. PETER-ON-THE-WALL

VON ANDREW MOTION

Echos der Vergangenheit in einer uralten Kirche

Wenn man an den Südosten Englands denkt, stellt man sich eine gepflegte Gartenlandschaft vor. Doch es gibt hier auch noch naturbelassene Orte. Einer davon liegt in Essex. Weit abgelegen, an der Küste, steht eine der ältesten und auf ihre schlichte Weise schönsten Kirchen Englands. Zum ersten Mal sah ich sie als Kind. Es war die Idee meiner Mutter gewesen. „Eine Kirche?", fragte ich ungläubig. „Ja, aber eine sehr alte." Wir fuhren durch verschlafene Städtchen, bis vor uns nur noch die Weite des Landes zwischen den Flüssen Blackwater und Crouch lag. Aus Erde wurde schwarzer Sand. Am Horizont erschien bedrohlich ein Kraftwerk und verschwand wieder. Und plötzlich stand diese kleine Schmuckstück vor uns. Es glich gar nicht so sehr einer Kirche wie einer steinernen Scheune: ein hoher Steinquader mit steilem Dach und einer schlichten Holztür unter einem kleinen Rundbogenfenster, die Wände grob mit Bauschutt ausgebessert.

Das Gebäude ist vermutlich das Kirchenschiff einer alten Kirche, die um 650 von St. Cedd gegründet wurde und die im Stil der ältesten angelsächsischen Kirchen gebaut war. Draußen, unter dem windgebeugten Gras, verbergen sich die Überreste von Altarraum und Seitenkammern. Das Baumaterial (Ziegel, Werksteine und Septarien) stammte zum größten Teil aus einer alten römischen Festung, die schon vor langer Zeit dem Erdboden gleichgemacht wurde. Doch das erfuhr ich erst bei späteren Besuchen, die kleine Pilgerreisen waren, eine Art Heimkehr in den Jahren nach dem Tod meiner Mutter. Hier konnte ich durch das Fernrohr der Zeit zurückblicken und vor meinem inneren Auge sah ich uns wieder vor mir, wie wir zum ersten Mal hier ankamen. Damals saßen wir flüsternd in der leeren Kirche. Ein Haus voller Fragen und jahrhundertealter Gebete.

Das Innere der Kirche erzählt eine Geschichte der Beständigkeit. Die Welt um sie ergänzt sie, lässt die Kirche klein erscheinen und doch ist sie fest an ihrem Ort verankert: die salzige Luft über den Ruinen der Festung, die das Gras scheinbar in einen See aus Quecksilber verwandelt; der weite Himmel, auf dem sich im goldenen Schimmer der Sonne Wolken zusammenbrauen und wieder auflösen; das wogende Meer vor den Mauern, das einst die Festung davontrug und dann die Kirche, bis nur noch dieser nackte Quader blieb, und das in den Ohren der ersten Kirchgänger rauschte. Sie bekundeten ihren Glauben an einem Ort, an dem sich Erde, Luft und Wasser auf unnachahmliche Weise verbinden. Hier wird die Gegenwart festlich willkommen geheißen, weil der Ort so eindrucksvoll in der Vergangenheit verankert ist: Er ist ein Fels in der Brandung der Welt und zugleich ein kleines Boot auf den Gewässern der Zukunft.

RECHTS UND OBEN: Die Kirche St. Peter-on-the-Wall. Die „steinerne Scheune" ist eine der ältesten Kirchen Englands.

Aachen, Deutschland

AACHENER DOM

OBEN: Der Chor des Aachener Doms mit seinen riesigen Buntglasfenstern. Er wurde im 14. Jahrhundert an die Kathedrale angebaut, um Platz für die wachsende Zahl der Pilger zu bieten.

RECHTS: Die Kuppel der achteckigen Pfalzkapelle (Oktogon).

Mitten im Aachener Dom befindet sich die Pfalzkapelle Karls des Großen. Dieses Oktogon ist zwar klein, jedoch ein prachtvolles Beispiel für die karolingische Renaissance. Gestreifte Rundbögen verbinden den Marmorboden mit dem goldenen Mosaik in der Kuppel des Doms. Im schummrigen Licht der Messen ist die Kuppel oft von Weihrauchschwaden verhüllt. Auch der Thron Karls des Großen steht noch immer hier, im oberen Umgang der Kapelle. Von diesem Marmorsitz aus hatte der Kaiser alle drei Altäre im Blick.

Der Kaiserdom wurde vor über 1200 Jahren in Aachen errichtet und ist damit die älteste Kathedrale Nordeuropas. Jahrhundertelang wurden hier die Herrscher Deutschlands gekrönt. Im Jahr 800 n. Chr. erstreckte sich das Reich Karls des Großen bereits über das gesamte Westeuropa. Karl wählte die Kurstadt Aachen zu seinem Sitz, es sollte sein „neues Rom" sein.

Der Architekt Odo von Metz nahm Anleihen an der Kirche San Vitale in Ravenna, als er die Pfalzkapelle entwarf. Er integrierte die von Karl geschätzten byzantinischen und klassizistischen Stilelemente in den Bau. Zu den hier aufbewahrten Reliquien zählen auch die vier großen Aachener Reliquien: das Kleid Marias, die Windeln und das Lendentuch Jesu und das Enthauptungstuch des Johannes. Da so viele Pilger die Heiligtümer sehen wollten (die heute nur mehr alle sieben Jahre ausgestellt werden), wurde im 14. Jahrhundert ein gotischer Chor angebaut, um die Besucher unterbringen zu können. Durch die 13 Buntglasfenster von je 30 Metern Höhe strömt farbiges Licht in den Chorraum.

Heute ist der Aachener Dom Teil der mittelalterlichen Altstadt. Er ist zwar kleiner als der Kölner Dom, doch mit seiner Vielfalt an Baustilen und seinen wertvollen Reliquien ist er von großer geschichtlicher Bedeutung. Er ist jedoch kein Museum, sondern weiterhin ein aktives Gotteshaus: Jeden Sonntag wird hier eine lateinische Messe gelesen und am Heiligen Abend singt ein Kinderchor. So bleibt der Dom ein lebendiges Denkmal für 1200 Jahre Geschichte und ein Glaubenszentrum europäischer Christen.

Cambridge, England

KING'S COLLEGE CHAPEL

König Heinrich VI. war 19 Jahre alt, als er das King's College gründete und den Architekten Reginald Ely mit dem Bau einer prachtvollen Kapelle dafür beauftragte. Der Bau begann 1446 und nahm 85 Jahre in Anspruch. Zwei weitere Architekten waren daran beteiligt und die Könige Eduard IV., Richard III., Heinrich VII. und Heinrich VIII. finanzierten ihn.

Das Ergebnis ist eine Kapelle von einzigartiger Schönheit, mit massiven Strebepfeilern aus hellem Stein und Ecktürmen, die über das flache Land der Grafschaft Cambridgeshire kilometerweit zu sehen sind. Von außen ist die Kapelle beeindruckend, ihr Inneres ist jedoch schier atemberaubend. Die steinerne Decke scheint zu schweben. Der große englische Architekt Sir Christopher Wren sagte einst über dieses Fächergewölbe, dass er auch so eines bauen würde, wenn ihm nur jemand zeigen würde, wohin der erste Stein zu legen sei. Ein Lettner, ein Geschenk Heinrichs VIII. aus geschnitzter Eiche, trennt die Vorkirche vom Chor. Die Wappenzeichen der Tudors zieren die Wände der Kapelle: heraldische Rosen, Lilien und Fallgatter. Die Buntglasfenster aus dem 16. Jahrhundert zeigen biblische Szenen.

Auch Musik trägt hier zur erbaulichen Atmosphäre bei. Von den Gründern als wichtiger Bestandteil anerkannt, war in den Statuten ein Chor aus sechs erwachsenen Sängern und 16 Knaben vorgesehen. 500 Jahre später ist der Chor des King's College weltberühmt für seinen wundervoll klaren Gesang. Das Konzert am Heiligen Abend wird weltweit ausgestrahlt, doch die tägliche Abendandacht bezaubert gleichermaßen. Knaben, die eben noch Fußball spielten und nun die zerschrammten Knie unter ihren Talaren verstecken, werden zu Engeln und ihr himmlischer, unverstärkter Gesang erfüllt diese eindrucksvolle Kapelle.

LINKS: Das himmelhohe Fächergewölbe und die Buntglasfenster mit Szenen aus der Bibel in der King's College Chapel in Cambridge.

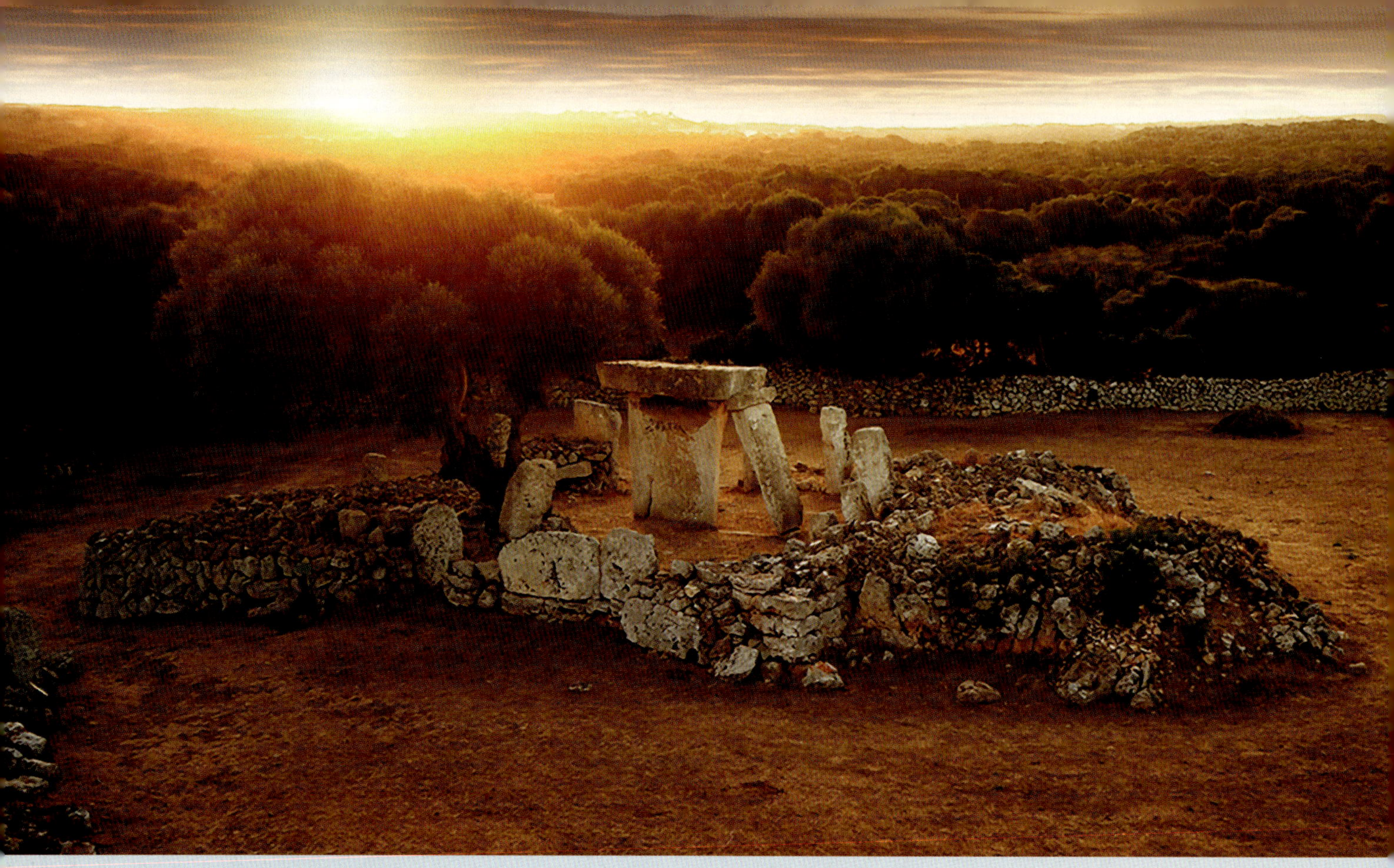

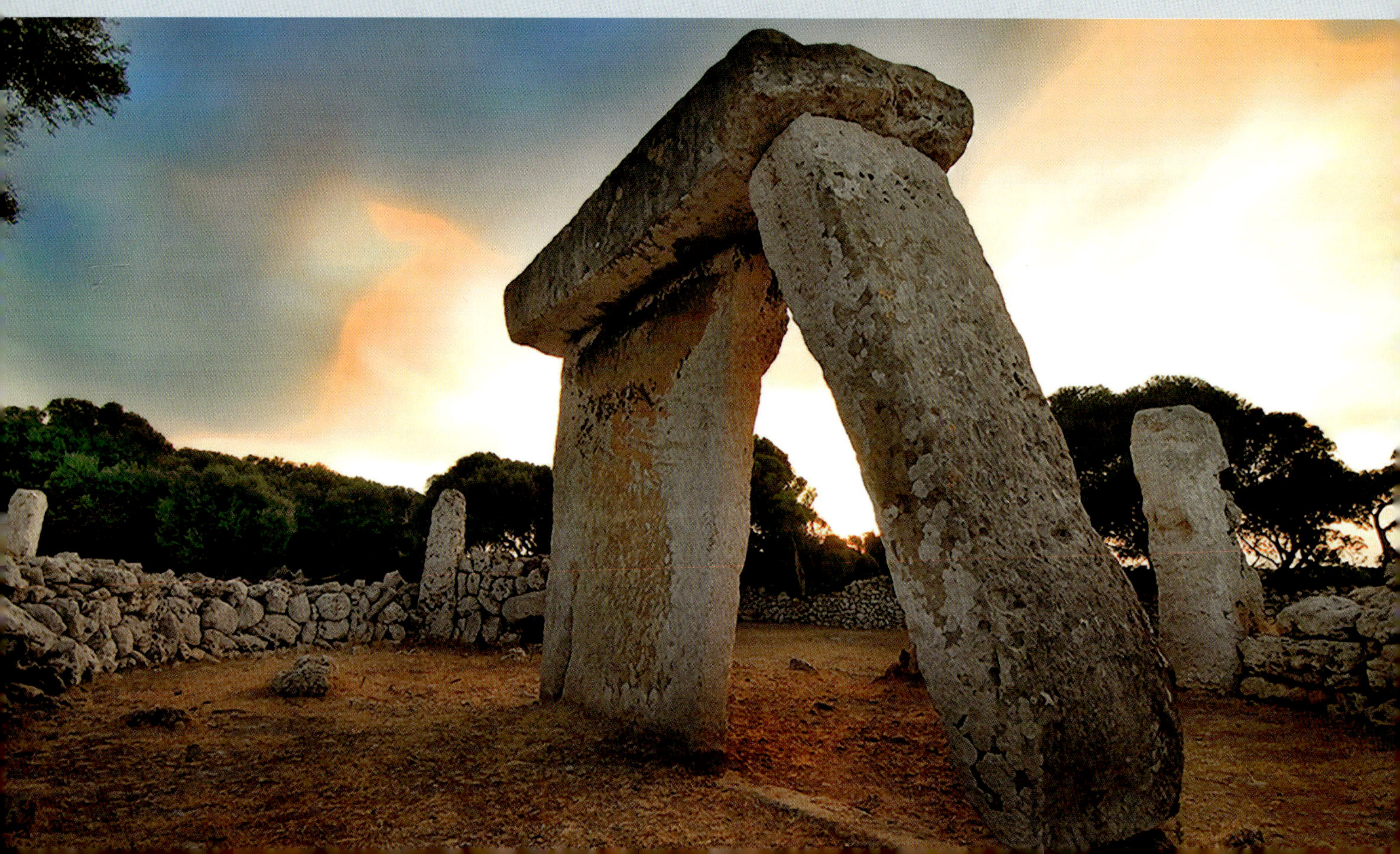

Menorca, Spanien

TALATÍ DE DALT

VON ANDREW MOTION

Ruinen aus Stein, die ihr Geheimnis nicht preisgeben

Beim Blick auf eine archäologische Karte des Mittelmeerraums kann man eine bemerkenswerte Reihe prähistorischer Stätten entdecken, die sich in einem Bogen über die westliche Hälfte spannt. Die Balearen-Insel Menorca beherbergt rund 1600 dieser Stätten. Viele davon liegen abseits der Touristengebiete in entlegenen Feldern, die nur von Bauern der Gegend besucht werden. Doch selbst bekannte und beliebte Reiseziele bewahren ihr Geheimnis: beispielsweise die „Naveta des Tudons", eine steinerne Begräbnisstätte in Form eines umgekippten Schiffs, die an der Straße zwischen Maó und Ciutadella liegt; oder das prähistorische Dorf Talatí de Dalt. Ich besuchte die Insel Menorca in mehreren aufeinanderfolgenden Sommern und die alten Gebäude dieses Ortes dienten mir als Ausgangspunkt einer Entdeckungsreise in ihr starkes und widerspenstiges Wesen.

Ausgangspunkt und beinahe Endpunkt – denn Fakten über diese Stätte sind rar. Talatí de Dalt wurde in der Epoche des Talayotikums erbaut, dessen Blütezeit zwischen 1300 und 200 v. Chr. lag. So viel ist gesichert. Das Wort „talayot" stammt vom Arabischen „atalaya" ab und bedeutet „Wachturm". Das ist verwirrend, denn die „Talayots" sind runde, breite Steinhügel, die Gräber, Wach- oder Wohnhäuser, aber natürlich auch Aussichtsposten gewesen sein könnten. Es gibt auch die „Taulas", die aus zwei t-förmig übereinandergelegten Felsblöcken bestehen, manche davon bis zu 4,5 Meter hoch. Wozu dienten sie? Um Stärke zu demonstrieren? Als Opferaltäre? Als Plätze für Himmelsbestattungen? Als Stützbalken für mittlerweile verschwundene Gebäude? Das weiß niemand „so genau", wie es in vielen Reiseführern steht.

Doch das weckte erst recht meine Neugier. Bei meinem letzten Besuch kam ich bei Sonnenuntergang in Talatí de Dalt an, als der Ort beinahe verlassen war. Alles war so wie beim letzten Mal und schien mir doch vollkommen fremd. Hinter der Umfassungsmauer standen gigantische, sonnengebleichte Steine auf der mit Felsbrocken übersäten Erde. In einem davon hatten Wind und Regen ein kreisrundes Loch geformt, als hätte eine riesige Nadel hineingestochen. Hatte man den Stein aufgrund seiner natürlichen Markierung ausgewählt? Galt er deshalb als besonders oder gar heilig? Man weiß es nicht genau. Ebensowenig weiß man, warum die anderen Steine hier stehen wie Relikte eines zweiten Stonehenge. Auch die gewaltige Taula, die aus der Mitte aufragt, gibt Rätsel auf. Als ich meine Hände auf den stützenden Stein legte, kam mir vor, als atmete er wie ein Tier. Er strahlte eine Energie aus, die Wut, Angst oder sogar einen Aufstand auslösen könnte. Ich setzte mich hin, lehnte mich gegen den groben Kalksteinbrocken und wartete auf den Einbruch der Dunkelheit. Die Zikaden woben einen dichten Klangteppich. Mit der kühlen Luft kam der süße Duft von Thymian und Myrte. Die riesenhaften Gespenster rückten näher zusammen. Sie machten einen Kreis um die Stille in ihrer Mitte und ließen mich tiefer sinken, bis ich ausgestreckt auf ihren einfachen, steinernen Grundfesten lag.

LINKS: Eine der gigantischen Taulas, t-förmige Steinbauten in Talatí de Dalt. Diese Megalithen wurden hier vor Tausenden Jahren, während des Talayotikums, aufgestellt. Zu welchem Zweck bleibt unklar.

Gourdon, Frankreich

ROCAMADOUR

Diese Stadt erscheint auf den ersten Blick wie eine zerbröckelnde Felswand aus Kalkstein und grünem Laub. Erst bei näherer Betrachtung erkennt man die kleinen Fenster, Dächer und Türmchen der schmucken Gebäude, die mit dem Felsen verwachsen scheinen. Rocamadour thront auf dem steilen Abhang einer Schlucht wie ein märchenhaftes Königreich. Die Stadt liegt rund 120 Meter über dem Alzou, einem Nebenfluss der Dordogne.

Die Entstehungsgeschichte der Stadt ist voller Geheimnisse, Mythen und Legenden. Benannt wurde sie nach dem heiligen Amadour, einem Einsiedler, dessen Leiche man in einem versiegelten Grab im Felsen fand. Er soll die berühmte schwarze Marienfigur aus Holz geschnitzt haben. Manche halten den heiligen Amadour für Zachäus, den Zollpächter, der Jesus auf dessen Reise nach Jerusalem in sein Haus einlud und der auch der Ehemann der heiligen Veronika war.

Um die Heiligtümer zu erreichen, müssen Pilger 216 Stufen hochsteigen (früher tat man dies auf Knien) und dem gewundenen Pfad folgen, der sie an Stationen des Kreuzwegs vorbeiführt. Die bekannteste der Kapellen im Fels ist die Marienkapelle. Darin ist die Schwarze Madonna ausgestellt, mit dem Jesuskind im Arm und einer Krone auf dem Kopf. Votivkerzen erleuchten den Schrein, in dem auch eine große Glocke hängt, von der es hieß, dass sie von selbst läutete, wenn ein Gebet beantwortet wurde. Ein Eisenschwert, das im Fels über dem Eingang steckt, soll das legendäre Schwert Durandal des legendär besungenen Helden Roland gewesen sein.

Überall sieht man versteckte Treppen, die sich um Ecken winden. Verzierte Balkone, Durchgänge und Fenster überblicken das atemberaubende Tal. Rocamadour wirkt wie aus einer anderen Welt. Die verwegene Schönheit dieser Stadt, die der Schwerkraft zu trotzen scheint, verstärkt diesen Eindruck noch.

RECHTS: Die Häuser und Kapellen von Rocamadour. Die Stadt liegt eingebettet in den Felsen über dem Fluss Alzou.

County Mayo, Irland

CROAGH PATRICK

VON JAN MORRIS

Wandern als Glaubensbekenntnis

Selbst im modernen und materialistischen Euro-Irland des 21. Jahrhunderts bleibt der Katholizismus tief in seiner Kultur verankert. Man begegnet zwar nur noch wenigen Priestern und Nonnen in den Straßen, dennoch begeben sich jährlich Tausende Iren auf Pilgerreisen, halten an heiligen Grotten inne, bekreuzigen sich mit Wasser aus geweihten Brunnen und gehen zur Heiligen Messe. Dieser gesammelte Glauben der Menschheit und das Wirken Gottes finden für mich ihre Versinnbildlichung in dem Berg Croagh Patrick im irischen County Mayo. In Irland heißt er auch Cruach Phádraig oder einfach „The Reek".

Dieser freistehende Quarzitkegel von 760 Metern Höhe überragt die Clew Bay mit ihren zahllosen Inseln. Ursprünglich hieß er „Cruach Aigil", der Hügel heiliger Geschichte, da er seit Menschengedenken mit dem Göttlichen in Verbindung gebracht wurde. Man sagt, dass sich hier einst Druiden trafen und dass der heilige Patrick während einer 40-tägigen Fastenzeit nicht nur eine Schar Dämonen, sondern auch alle Schlangen von der Insel vertrieb. Viele der Steine und Felsen hier werden verehrt und jedes Jahr, am letzten Sonntag im Juli („Reek Sunday"), besteigen Tausende Menschen den Berg und feiern auf dem Gipfel eine Messe.

Ob Christ, Moslem, Jude, Atheist oder Agnostiker – kaum jemand kann sich der Begeisterung während dieses Festes entziehen. Die ganze Nacht von Samstag hindurch und auch noch am Sonntag mühen sich die Teilnehmer den Bergpfad hinauf, alleine oder in Gruppen. Manche lachen und singen, andere beten für sich den Rosenkranz. Das Wetter ist zu dieser Jahreszeit oft rau, weswegen sich die meisten Messgänger mit Mänteln und Anoraks gegen Nebel, Regen und Wind am Gipfel wappnen.

Unter ihnen befinden sich auch Kinder, Priester und Pensionisten, Menschen verschiedenster Herkunft. Soldatengruppen schreiten voran und barfüßige Eiferer humpeln mit Blut und Schlamm zwischen ihren Zehen dahin. Entlang des Weges stehen einige „Tinker", irische Nomaden, die grob geschnitzte Wanderstöcke verkaufen. Der Pfad ist zu Beginn leicht zu begehen, doch weiter oben zerfällt er zu einer steilen Masse aus losem Schiefer, die man auch „die Hölle vor dem Himmel" nennt. Einmal machte ich den Aufstieg mit und als wir diese nackte Geröllwand vor uns sahen, verließ selbst die Frömmsten für einen Moment der Mut. „Um Himmels Willen!" entfuhr es einem Mann neben mir. „Seht euch das an! Aber was soll's", fügte er, ganz der fröhliche Ire, hinzu, „am Gipfel werden unsere Seelen reingewaschen und wir können noch mal ganz von vorn mit dem Sündigen beginnen." Wir lachten, bissen unsere Zähne zusammen und quälten uns übers Geröll nach oben. Manchmal fiel jemand hin. Manchmal blieb jemand still stehen und betete keuchend um Hilfe. Gelegentlich stolperten Sanitäter talabwärts, mit einem blutenden, bandagierten Verletzten auf ihrer Trage. Wir versuchten, nicht hinzusehen ...

Am Gipfel halten Gruppen von Priestern in einer kleinen Kapelle pausenlos Messen ab. Ihre Worte schallen aus den Lautsprechern gespenstisch durch den Nebel, und unzählige Pilger streifen umher. Sie haben noch keinen Trost gefun-

RECHTS OBEN: Eis und Schnee in Gipfelnähe des Croagh Patrick. Ein üblicher Anblick in den Wintermonaten.

RECHTS UNTEN: Pilger beim beschwerlichen Weg hinauf. Manche von ihnen wandern barfuß. Jedes Jahr wird im Juli am sogenannten „Reek Sunday" auf dem Gipfel eine Messe gefeiert.

den. Erst müssen sie sich zur Beichte anstellen. Sie müssen den Gipfel 15 Mal umrunden, dabei Gebete aufsagen und sich manchmal zum Gebet hinknien. Danach werden mystische Plätze am Gipfel in festgelegten Rundgängen aufgesucht. Erst dann, nach der Messe, dürfen sie sich bei Tee und Gebäck entspannen, an den eigens dafür aufgestellten Imbissbuden auf diesem geheiligten Gipfel.

Es mag wie eine sehr mittelalterliche Glaubensbekundung aussehen und in gewisser Hinsicht ist es das auch. Die Pilger sind zerschunden, atemlos und erschöpft. Sie sehen mitleiderregend aus, während sie an Felsbrocken entlanghumpeln, dabei Gebete murmeln und ihre Rosenkränze betasten. Doch wenn sie sich mit einer Tasse Tee in der Hand auf dem feuchten Boden niederlassen, sind sie sichtlich begeistert. Nein, berauscht! Der Bußgang war schließlich ein freiwilliger und dieser neblige, windige Gipfel ist wahrhaftig ein heiliger Ort. Er hat seine Heiligkeit gewissermaßen empfangen von den Heiligen und Weisen des Altertums, durch die Verbannung von Schlangen und Dämonen und durch die Gebete, die seit Jahrhunderten hier gesprochen werden. Aber auch von den Tausenden Menschen, alt und jung, die Jahr für Jahr den Gipfel erklimmen, um dem Göttlichen ihre Hingabe zu erweisen.

RECHTS: Der heilige Berg Croagh Patrick, ein 760 Meter hoher Quarzitkegel.

Paris, Frankreich

SAINTE-CHAPELLE

Wenn man an einem Spätsommernachmittag im Inneren der Sainte-Chapelle steht, fühlt man sich wie in einer turmhohen, juwelenbesetzten Schmuckschatulle. Die Sonnenstrahlen, die durch die hochragenden Buntglasfenster fallen, tauchen die Besucher in schillerndes Rot, Blau, Gold, Grün und Violett.

Dieses gotische Meisterwerk mit schlankem Kirchturm wurde 1248 geweiht und lockt seitdem Gläubige und andere Bewunderer auf die Île de la Cité. König Ludwig IX. ließ die Kapelle in nur vier Jahren bauen, als er Paris als westliche Hauptstadt des Christentums etablieren wollte. Der Bau allein kostete ihn bereits 40 000 Livres. Für heilige Reliquien wie die Dornenkrone und Teile des Kreuzes Christi bezahlte er das Dreifache.

Die Reliquien sind nicht mehr hier. Sie wurden während der Französischen Revolution entfernt, als die Kapelle von den republikanischen Befehlshabern zweckentfremdet und die religiöse Vergangenheit des Landes verleugnet wurde. Die Leuchtkraft des Buntglases ist jedoch unvermindert. Die 15 schmalen Fenster sind je 15 Meter hoch und werden von noch schmaleren Steinsäulen unterteilt, ganz im „Rayonnant"-Stil der französischen Gotik, der sich im 13. und 14. Jahrhundert entwickelte und der einen Eindruck von Schwerelosigkeit erwecken wollte.

Jedes der Fenster erzählt eine biblische Geschichte, die von unten nach oben „gelesen" wird. Sie zeigen über tausend Szenen aus dem Leben Christi, von seiner Kindheit über sein Wirken bis hin zu seiner Kreuzigung und Auferstehung. Doch am beeindruckendsten ist die Fensterrose in der Westwand. Sie wurde 1485 eingebaut, während der Herrschaft König Karls VIII., und zeigt die Apokalypse in ihrer ganzen stürmischen Gewalt.

Wenn das Licht der untergehenden Sonne durch die Fensterrose der Sainte-Chapelle dringt, versinken Besucher seit siebeneinhalb Jahrhunderten in staunende Ehrfurcht.

OBEN: Die Blütenform der großen Fensterrose aus dem 15. Jahrhundert in der Sainte-Chapelle.

RECHTS: Das „Schmuckkästchen": die Oberkapelle mit ihren beeindruckenden Buntglasfenstern.

Walaam, Russland

KLOSTER WALAAM

Ganz im Norden des Ladogasees, zwischen St. Petersburg und der finnischen Grenze, liegt die Inselgruppe Walaam in relativer Abgeschiedenheit. Auf der Hauptinsel, die auch Walaam heißt, steht ein russisch-orthodoxes Kloster. Es ist eine stille, entlegene Stätte von eindringlicher Schönheit unter dem weiten, blassen Nordhimmel.

Über die Geschichte der Insel wurde nur wenig geschrieben und die Ursprünge des Klosters bleiben im Verborgenen. Als Entstehungszeit nennen manche Quellen schon das 10., andere erst das 14. Jahrhundert. Gegründet wurde es wahrscheinlich vom heiligen Sergius von Walaam, der von Griechenland hierher kam. Das Klima ist rau, aber auf Walaam ist es ein wenig wärmer als an den Ufern des Sees. Die Inseln sind felsig und mit Nadelwäldern bewachsen, doch den Mönche ist es gelungen, trotz dieser widrigen Umstände Melonen und Kürbisse im Klostergarten anzubauen.

Der Name „Walaam" stammt vom finnischen Wort für „hohes Land". Und wie es da auf den Felsen über dem erstaunlich blauen Wasser steht, sieht das Kloster aus, als würde es gleich davonfliegen. Seine terracottafarbenen Mauern gehen in weiße Türme mit eisblauen Dächern und goldenen Spitzen über. Rundherum bilden Kiefern mit ihrem dunklen Grün einen schönen Kontrast.

Die Innenräume sind karg. Die Mönche tragen schwarze Kutten und hohe Hüte mit Schleiern. Sie werden um halb vier Uhr morgens geweckt und folgen einem strengen Tagesablauf, der vor allem aus Gebet und körperlicher Arbeit besteht. Bekannt sind sie auch für ihren „Snamennyj"-Gesang. Dieser folgt einer komplexen Melodie, die auf einem klageliedartigen Grundton aufbaut. Lieder wie „Oh freudenreiches Licht Walaams" beschreiben oft die übernatürliche Beschaffenheit des Tageslichts auf den Inseln.

Zelená Hora, Tschechische Republik

WALLFAHRTSKIRCHE DES HL. JOHANNES VON NEPOMUK

Die Lebensgeschichten von Märtyrern haben seit den Anfängen der Kirche Gläubige fasziniert. Ihr Opfer zu ehren, kann den Glauben vertiefen, vielleicht sogar neu definieren. Die Tradition der Pilgerreise zur Kirche des heiligen Johannes von Nepomuk bringt seit Jahrhunderten römisch-katholische Gläubige näher zu Gott.

Im 14. Jahrhundert wurde Johannes, angeblich zur Strafe dafür, dass er das Beichtgeheimnis nicht brechen wollte, von der Prager Karlsbrücke in den Fluss gestoßen. Als seine Leiche am Ufer gefunden wurde, soll eine Krone mit fünf Sternen erschienen sein, und die Zunge des Toten blieb 400 Jahre lang auf wundersame Weise als Reliquie erhalten. Für den Papst war dies ein unwiderlegbarer Beweis für die Heiligkeit des Johannes und Anlass zum Bau der Kirche auf dem Zelená Hora, dem „grünen Berg".

Eine lange Treppe führt den Hügel hinauf zu einer der außergewöhnlichsten Kirchen Europas. Die Sonne wirft die flackernden Schatten der Bäume auf die strahlend weißen Friedhofsmauern. Diese umzäunen die Kirche in einem gezackten Zehneck, mit zehn gleichmäßig entlang der Mauer verteilten Türmen.

An jedem der fünf Eingänge prangt ein goldener Stern und im Inneren steht eine sternförmige Kirche mit fünf Altären. Am Hauptaltar finden sich fünf Sterne und fünf Engel. Der Prager Architekt Johann Santini setzte den Stern und die Zahl Fünf stilistisch ein, als Erinnerung an die Erscheinung über der Leiche des Johannes.

Die Architektur dieser Stätte scheint wie ein überdimensionaler Rosenkranz zu funktionieren. Die symbolischen und numerischen Verweise auf das Leben des Johannes, die sich in der Gestaltung der Kirche wiederfinden, lenken die Gedanken des Pilgers auf das Märtyrertum und auf die Frage, was es bedeutet, den Mut zu haben, nach seinen eigenen Überzeugungen zu leben.

Teutoburger Wald, Deutschland

EXTERNSTEINE

Über schwindelerregende Steinstufen und eine sehr schmale Brücke erreicht man die Spitze eines Felsturms. Darauf befindet sich eine winzige Kammer, die vor Hunderten Jahren aus dem Fels geschlagen wurde. Ein kreisrundes Loch in ihrer Ostmauer zeigt hinunter auf den Wald. Einmal im Jahr, am Mittsommermorgen, fallen die Strahlen der aufgehenden Sonne durch das Loch und erleuchten die gegenüberliegende Mauer. Einst war dies ein Schrein, nun steht hier ein säulenförmiger, christlicher Altar.

Den Felsen nennt man auch „Sternwarte" und er gehört zu den Externsteinen, fünf senkrechten, bis zu 37 Meter hohen Sandsteinfelsen im Teutoburger Wald, im Nordwesten Deutschlands. Bereits in der Steinzeit, um 10 000 v. Chr., besuchten Menschen diesen Ort. Angeblich soll er auch dem Kult Odins und anderer germanischer Götter gedient haben, doch dafür gibt es keine Beweise.

Die Felsen waren schon ein heiliger Ort, bevor die ersten christlichen Gemeinschaften sie vor rund tausend Jahren in Besitz nahmen. Und lange bevor christliche Mönche sie zur Kapelle machten, gab es schon die Kammer auf der „Sternwarte", mit ihrem Loch zur Beobachtung des Sonnenaufgangs der Sommersonnenwende (und des nördlichsten Mondaufgangs). Besucher aus der Vorzeit gruben Kammern und Tunnel in den Fels, bohrten mysteriöse Löcher und schlugen Stufen, die ins Nichts zu führen scheinen.

Am Fuß eines der Felsen ist ein riesiges Relief in den Stein gehauen, das die Kreuzabnahme Christi zeigt. Es wurde um 1150 angefertigt und ist ein einzigartiges Beispiel romanischer Kunst in Nordeuropa. Es zeigt auch einen Drachen, Symbol des Teufels und des Heidentums, dessen Macht durch das Opfer Jesu gebrochen wurde. Das Bild zeugt von den Kräften, die einst diesen außergewöhnlichen Steinen zugeschrieben wurden.

LINKS: Seit der Steinzeit schreibt man den Kalksteinsäulen der Externsteine heilige Bedeutung zu. Heute steht am größten Felsen eine kleine christliche Kapelle.

Galicien, Spanien

SANTIAGO DE COMPOSTELA

VON JAN MORRIS

Der heilige Weg zur Erfüllung

An jedem beliebigen Tag im Jahr kann man entlang der Straßen Nordspaniens Wanderer sehen. Sie sind auf dem Weg nach Galicien – im Winter eingemummt in Schals und Regenmäntel, im Sommer schwitzend, jedoch immer erkennbar an ihrer heiteren Entschlossenheit.

Sie sind zu einem der heiligsten Orte des Christentums unterwegs, nach Santiago de Compostela („heiliger Jakob des Sternenfelds"). Der Legende nach liegt hier der Apostel Jakobus der Ältere begraben. Sein Sarkophag war auf wundersame Weise aus Jerusalem hierher gebracht worden, nachdem der namensgebende Stern diese Stätte offenbart hatte. Seit Jahrhunderten pilgern Christen von überall her zu diesem Schrein in einer der festlichsten und prachtvollsten Kathedralen der Welt.

Sie ist etwas Besonderes, denn sie lädt nicht zur Buße, sondern zur Segnung ein. Die ankommenden Pilger empfinden Freude über das gute Ende einer aus hehren Motiven erwachsenen Reise und die Kirche wirkt, als würde sie sie dazu beglückwünschen. Sie steht erhöht auf einem Festplatz und erstrahlt selbst im berüchtigt tristen Wetter der Stadt in goldenem Glanz. Ihre imposante Fassade mit den drei Türmen aus Granit ist aufwändig mit Fialen und Nischen, Glocken, Sternen sowie Skulpturen des Apostels, einiger Heiliger und des Allmächtigen verziert – eine überwältigende Fülle an sakralen Ornamenten. Üppiger geht es kaum.

Die Pilger betreten die Kirche über die große Doppeltreppe am Platz und gehen durch ein herrlich opulentes Portal. Die traditionsbewussten unter ihnen erweisen dem Portalbauer Meister Mateo ihre Ehre. Die kniende Statue am Fuß einer Säule stellt angeblich den Architekten aus dem

OBEN: Die reich geschmückte Barockfassade der Kathedrale, die im 17. Jahrhundert hinzugefügt wurde.

LINKS: Der berühmte Pórtico da Gloria. Meister Mateo schuf die rund 200 Skulpturen im 12. Jahrhundert.

12. Jahrhundert dar. Nach gängigem Brauch berührt man mit der Stirn die seine, um etwas von seinem Erfindungsgeist zu erlangen.

Dann geht es durch das große Kirchenschiff bis ins Heiligtum hinter dem Hochaltar, wo die Krönung des Besuches wartet. Der Gang durch die Krypta mit ihren Reliquien und einem Abbild des heiligen Jakobus aus dem 13. Jahrhundert ist für viele Pilger ein Moment der übermäßigen Freude, die sie Tränen der Dankbarkeit vergießen lässt.

Das war es wert. Die vielen Kilometer auf staubiger Straße waren es wert, diesen Höhepunkt christlicher Hingabe zu erleben. Ganz egal, dass viele der Pilger gar keine Christen sind, sondern sich mit dieser Reise selbst etwas beweisen oder auch nur ein Abenteuer erleben wollten; oder dass neueren Theorien zufolge der Name „Compostela" nichts mit Sternen zu tun hat; oder dass Jakobus, rein historisch gesehen, nicht hier begraben liegen kann und vermutlich auch nie hier gewesen ist.

Ganz egal! Die vielen Generationen von Gläubigen haben der Pilgerreise zum „Sternenfeld" wahre Erhabenheit verliehen, und das Ziel verkörpert einen heiligen Geist der Erfüllung.

RECHTS: Das tonnengewölbte Kirchenschiff vor dem Hochaltar. Die Seitenschiffe und der Chorumgang um die Apsis wurden gebaut, um den vielen Pilgern Platz zu bieten.

UNTEN: Die Reliquien des heiligen Jakobus werden in dieser Krypta unter dem Hochaltar aufbewahrt. Hier sieht man die Originalgröße der bescheidenen Kirche aus dem 9. Jahrhundert, um die herum die Kathedrale bis ins 18. Jahrhundert weiter ausgebaut wurde.

Norwegen

AURORA BOREALIS

Eine der frühesten Aufzeichnungen über die Aurora borealis (das „Nordlicht") findet man in der nordischen Chronik „Konungs skuggsjá" von 1230. Dem Verfasser fällt es schwer, dieses faszinierende Phänomen zu erklären. Sind es Sonneneruptionen, deren Schein bis in den Nachthimmel reicht? Ist es aufgestaute Energie aus Gletschern, die in die Atmosphäre entweicht? Oder gar die fernen Flammen einer das Eismeer umringenden Feuersbrunst?

Heute weiß man, dass elektrisch geladene Sauerstoff- und Stickstoffpartikel die Lichter entstehen lassen. Solarwinde transportieren sie von der Sonne in die Erdatmosphäre, wo sie sich explosiv entladen. Aber auch mit dieser wissenschaftlichen Erklärung kann man nicht genau vorhersagen, wann diese fluoreszierenden grünen, roten und blauen Farbspiele, die am Himmel ineinanderfließen wie ein Aquarell, wieder auftauchen. Und so verwundert es nicht, dass die Aurora borealis – benannt im 17. Jahrhundert von Galileo nach der römischen Göttin der Morgenröte und dem griechischen Wort für den Nordwind – auch weiterhin für Staunen sorgt.

Aus der ganzen Welt reisen Menschen in jene Regionen, die dem Magnetpol des Nordens (einem von zwei Punkten, an denen das Magnetfeld senkrecht zur Erdoberfläche steht) am nächsten sind, da dort die Lichter am häufigsten zu sehen sind: Nordkanada, Grönland, Island und Skandinavien. Veränderungen im Erdkern verschieben diesen magnetischen Pol: Derzeit liegt er bei Ellesmere Island im Norden Kanadas. Während der Tagundnachtgleichen im Frühling und Herbst tritt die Aurora borealis am wahrscheinlichsten auf. Doch egal, wie viel man für eine Führung an den Polarkreis bezahlt, die Lichter bleiben wunderbar unberechenbar.

RECHTS: Die Aurora borealis vom Norden Norwegens aus gesehen. Die grellen Farben sind Photonenstrahlen, die von geladenen Teilchen abgegeben werden.

Metéora, Griechenland

KLOSTER ROUSÁNOU

RECHTS: Rousanou ist eines der sechs noch bewohnten Klöster in Metéora („Felsen in der Luft"). Die Gebäude stehen auf Sandsteinklippen, die zwischen 200 und 600 Meter hoch sind. Seit dem 9. Jahrhundert leben Einsiedler in diesem abgeschiedenen Gebiet.

Die Kräfte der Erosion haben die Berglandschaft Metéora zu gewaltigen Steinsäulen von biblischen Ausmaßen geformt. Auf einem dieser Felsen, gefährlich nahe an den steil abfallenden Klippen zu allen Seiten, steht das Kloster Rousánou und wacht über die darunterliegende Landschaft. Seine roten Dachziegel leuchten voll Wärme in der Sonne, sein Platz ist wahrhaftig zwischen Himmel und Erde.

Die ersten Menschen, die auf diesen schwindelerregenden Säulen lebten, waren Eremiten. Sie kletterten zu den Höhlen und Spalten im Fels hoch und führten dort ein Leben der vollkommenen Hinwendung zu Gott. Während der osmanischen Invasionen des 14. und 15. Jahrhunderts flüchteten die Mönche immer höher die Klippen hinauf und suchten Zuflucht im unzugänglichen Gebiet. So entstanden an dieser Stelle Klöster.

Ursprünglich erreichte man Rousánou nur in einem großen Netz, in dem man von den Mönchen auf den Klippen hochgezogen wurde. Die Einheimischen sagen, dass die Seile erst dann erneuert wurden, wenn „der Herr sie reißen ließ". So stellte man sicher, dass nur die frömmsten Pilger diese Reise auf sich nehmen würden. Heute gibt es Treppen und eine Holzbrücke. Reisende, die zum Kloster hinaufgestiegen sind, umfängt eine Atmosphäre größter Spiritualität, die seit über 500 Jahren Gläubige in ihren Bann zieht. Die Anlage besteht aus einer kleinen Kirche und Klosterzellen rund um einen Innenhof. Im Inneren der Kirche zeigen Fresken die Himmelfahrt Mariens, die Auferstehung Christi und das Märtyrertum der Heiligen in blutigen Details. Der Aufwand, der nötig war, um dieses Denkmal des Glaubens zu erbauen, ist unfassbar. An diesem Ort ist das moderne Leben ganz weit entfernt. Blickt man nach oben, sieht man nur die Holz- und Steinbauten des Innenhofs, die den weiten Himmel umrahmen.

Tomar, Portugal

CONVENTO DE CRISTO

Das Convento de Cristo ist ein wichtiges Symbol für die sich verändernde Beziehung Portugals zum Rest der Welt und seine Bedeutung rührt zumindest teilweise daher. Das Kloster war einst eine Burg, die im 12. Jahrhundert auf einer Anhöhe nahe des Flusses Nabao gebaut wurde. Die Tempelritter hatten sie als Teil eines Verteidigungswalles gegen die Mauren errichtet. Der älteste Teil der heutigen Klosteranlage ist die Rotunde (portugiesisch: „charola") aus dieser Zeit. Durch die Fenster hoch in den Mauern strömt Sonnenlicht in den reich geschmückten Innenraum und erhellt die bunt bemalten Statuen von Heiligen und Engeln. Die gewölbte Decke ist zur Gänze mit Darstellungen des Lebens Jesu und seiner Apostel bemalt.

Im 14. Jahrhundert formierten sich die Tempelritter als Christusorden neu und nutzten ihr beträchtliches Vermögen dazu, ihr Hauptquartier in Tomar auszubauen. Die Anlage wurde um ein kunstvolles Längsschiff erweitert, das mit feinen und detaillierten Verzierungen ausgestattet ist. Das berühmte Westfenster des Kapitelhauses ist so dicht mit Skulpturen umrahmt, dass man nur mit Mühe die Details erkennen kann: Seile, die mittlerweile von Flechten bewachsen sind und aussehen, als hätte man sie aus den Tiefen des Ozeans geborgen, Seeleute bei der Arbeit und eindrucksvolle Meereslandschaften – Symbole, die aus der reichen Seefahrtsgeschichte des Landes herrühren. Das 15. Jahrhundert war Portugals goldenes Zeitalter der Entdeckungen. Schiffe aus portugiesischen Häfen steuerten die Küste Afrikas an und kehrten mit dem Gold, das das Land reich machte, zurück. Und aus der ehemaligen Festung wurde ein Kloster, das dank der neuen Reichtümer erstrahlte.

LINKS: Hunderte Malereien und Skulpturen zieren das Innere der „charola", der Rotunde aus dem 12. Jahrhundert. Dies ist der älteste Teil des Convento de Cristo.

nahe Kinloch, Schottland

MORVERN

VON ALEXANDER McCALL SMITH

Eine entlegene Landschaft, geprägt von Leid und Spiritualität

Morvern ist eines der am dünnsten besiedelten Gebiete Schottlands. Vor den „Highland Clearances", den tragischen Vertreibungen der Bevölkerung Nord- und Westschottlands im 18. und 19. Jahrhundert, lebten mehr als 2000 Menschen in dieser entlegenen Hügellandschaft. Heute beträgt die Einwohnerzahl nur noch einen Bruchteil davon und weite Strecken dieser unglaublich schönen Landschaft sind menschenleer. Dennoch wurden die Spuren der einstigen Bewohner nie ganz ausgelöscht.

Ich erinnere mich an William Dalrymples Reiseberichte aus vormals von Palästinensern besetzten Gebieten. Er sah, wie alte Grenzen hartnäckig wieder auftauchten: Hecken, die das Land enteigneter Bauern begrenzt hatten und deren Wurzeln nicht gänzlich zerstört worden waren, sprossen aus der Erde. Sie erinnern an die Menschen, die dort lebten. Ganz egal, wer in diesem tragischen Konflikt recht und wer unrecht hat, das eigene Land zu verlieren hinterlässt Narben auf der Seele. Viele Schotten haben das erlebt. Ihnen blieb nur die Flucht ins Exil nach Kanada oder in die USA. Die Auswanderer hatten es vielleicht besser als die Daheimgebliebenen. Vielleicht war es zu Hause schwerer, den Verlust zu ertragen. Zu beobachten, wie die Zahl der Menschen mit denen man die Sprache, die reiche Tradition gälischer Lieder, Geschichte und Abstammung teilte, dahinschwand.

Morvern ist ein Ort der Verluste. Ein Ort, an dem eine ganze Kultur zerbrochen ist – vielleicht für immer. Und so wie sich die alten Hecken im Heiligen Land wieder aus der Erde kämpfen, findet man auch hier noch hie und da Häuser, längst zu Ruinen verfallen; Schafsgehege, einst liebevoll aus Stein gebaut, sind heute nur mehr Erdhügel; Orte, an denen einst Boote verwahrt und Fische geräuchert wurden. Pfade, auf denen barfüßige Kinder kilometerweit zur Schule gingen. Sie alle sind fort.

Dennoch bleibt die spirituelle Kraft dieser Landschaft bestehen. Und genau diese Kraft zieht noch immer Menschen an diesen Ort und trägt zu seiner Wiedergeburt bei. Heute leben die Menschen hier wegen der gemächlichen Lebensart, fern jeder Hektik, und der ergreifenden, naturbelassenen Schönheit der Hügel und Lochs.

Alles hier erinnert an die religiöse Vergangenheit. Die bilderstürmerischen Eingriffe der schottischen Reformation haben die Kirchen Schottlands zwar kalt und schmucklos gemacht, dennoch findet man noch Andenken an eine Zeit, als es in Schottland viele schillernde Heilige gab. Nicht weit von Morvern entfernt liegt die Insel Iona, auf der der heilige Columban aus Irland kommend im 6. Jahrhundert gemeinsam mit zwölf Männern ein Kloster gründete. Heute kommen viele Menschen wegen der spirituellen Energie auf die Insel, aber man muss nicht nach Iona reisen, um an die frühen Heiligen Schottlands erinnert zu werden. Ein Blick auf die Landkarte genügt, um ihre Taten verewigt zu sehen. Den Ben Hiant (gälisch für „heiliger Berg") kann man vom äußersten Ende des Loch Teacuis sehen. Man sagt, dass Columban am Fuß dieses Berges an Land kam und einen heiligen Brunnen fand. Der Berg überblickt die Inseln Coll und Tiree und dahinter die Äußeren Hebriden. Es ist ein sanfter Ort, geprägt von Nebel, Poesie und einer dramatischen Geschichte.

LINKS: Blick über den Loch Linne auf die Halbinsel Morvern.

FOLGENDE SEITEN: Die sanften, schneebedeckten Hügel des Ben Hiant (gälisch für „heiliger Berg") im Winter.

Uppsala, Schweden

ALT-UPPSALA

Gamla Uppsala – das „alte Uppsala" – ist die sagenhafte Heimat der Könige, der Sitz der Götter und ein Tempel für Menschenopfer. Sein Name steht für das schwedische Heidentum der Vorzeit. Heute können Pilger die grasbewachsenen Hügel der 1700 Jahre alten Begräbnisstätte vor der Universitätsstadt Uppsala besichtigen. Es könnte ihnen allerdings schwerfallen, die einst hier stattfindenden Rituale zu verstehen.

In der Eisenzeit war das Wasser, das hier das Land bedeckt hatte, bereits zurückgegangen und Erdbegräbnisse wurden möglich. Im Flachland entstanden Tausende Hügelgräber, von denen noch rund 250 erhalten sind. Für die Könige aus Uppsala wurden prunkvolle Begräbniszeremonien nach den Gesetzen Odins abgehalten. Ihre Leichen wurden verbrannt, damit ihre Seelen nach Walhall, dem Ruheort der Krieger, gehen konnten. Die Überreste begrub man zusammen mit Waffen und Schätzen unter großen Erdhügeln. Somit ist Uppsala von religiöser und auch archäologischer Wichtigkeit.

Dieser Ort war eine der letzten Festungen der heidnischen germanischen Könige. Um 1070, als der Großteil Schwedens bereits christianisiert war, schrieb der Chronist Adam von Bremen über eine heidnische Kultur, zu deren Ritualen auch Menschenopfer in einem gcheiligten Hain gehörten. Er beschrieb auch einen verzierten Tempel, der von Bäumen und einer goldenen Kette umgeben war. Darin standen die Throne der Götter Thor, Odin und Freyr.

Heute steht an diesem Platz eine Kirche aus dem 11. Jahrhundert (Bild oben). Einst war diese bescheidene Steinkirche eine große Kathedrale, deren Längs- und Querschiffe bei einem Brand zerstört wurden. Der alte Glaube der ersten Einwohner Uppsalas ging mit der Einführung des Christentums verloren, doch in dieser dunklen kleinen Kirche mit ihren schweren Kruzifixen und Heiligenfiguren spürt man noch eine uralte, geheimnisvolle Spiritualität nachschwingen.

Turku, Finnland

DOM VON TURKU

Jeden Tag hört man im finnischen Radio zur Mittagsstunde einen Klang, den jeder Finne kennt: die Glocken des Doms von Turku. Die Stadt Turku (von der schwedischen Minderheit auch „Åbo" genannt) war jahrhundertelang Finnlands Hauptstadt, doch 1814 annektierte das Russische Kaiserreich Finnland und verlegte die Hauptstadt nach Helsinki, das näher an Russland lag. Turku hat in Finnland aber auch heute noch einen besonderen kulturellen Stellenwert, denn hier steht ein 700 Jahre alter Dom, Sitz der evangelisch-lutherischen Kirche Finnlands und Symbol nationalen Selbstbewusstseins. Er ist außerdem das Nationalheiligtum Finnlands und Begräbnisstätte vieler berühmter Finnen.

Das Innere des Doms wirkt altertümlich und modern zugleich. Seine schmucklosen Mauern, die das gotische Gewölbe stützen, erinnern an die Schlichtheit evangelischer Frömmigkeit, die bunten Fresken an den Prunk des mittelalterlichen Katholizismus. Letztere zeigen Heilige, wie die heilige Barbara, von zartem Blattwerk umgeben, oder die heilige Veronika mit dem Schweißtuch Jesu. Zwei Statuen aus dem 15. Jahrhundert berühren mit künstlerischem und menschlichem Tiefsinn: Maria mit dem Kind in den Armen der heiligen Anna und die trauernde Maria, die den Leichnam des gekreuzigten Jesus hält.

Während der Reformation wurden viele der Heiligenfiguren und -bilder und andere katholische Gegenstände in der Sakristei verstaut. Dort überstanden sie glücklicherweise den großen Brand von 1827, der den Dom und den Großteil der Stadt zerstörte. Unter dem neu gebauten Kirchturm sieht man noch einige vom Feuer geschwärzte Ziegel. Im Inneren trugen die Restaurationen des 19. Jahrhunderts bemerkenswerte Früchte: Das neugotische Altargemälde von Fredrik Westin und die vergoldete Kanzel von Carl Ludwig Engel bilden ein auffallendes Gegenstück zur schlichten, würdevollen Gotik des Doms.

Sumvitg, Schweiz

CAPLUTTA SOGN BENEDETG

OBEN UND RECHTS: Das Holz der neuen Kapelle von Sogn Benedetg fügt sich gut in die bewaldete Gegend ein. Die neue Kapelle steht an einem steilen Hang. Ihre Tropfenform lässt sie je nach Blickwinkel rund, oval oder wie einen Bootsrumpf erscheinen.

Das Dorf Sogn Benedetg – rätoromanisch für „St. Benedikt" – liegt hoch in den Schweizer Alpen und bietet eine atemberaubende Aussicht auf das darunterliegende Tal. Im Jahr 1984 durchbrach eine Lawine die Stille und zerstörte die alte Kapelle aus dem 13. Jahrhundert, die auf einer Anhöhe westlich des Dorfes stand. Die neue Kapelle wurde vom Schweizer Architekten Peter Zumthor entworfen und 1988 an anderer Stelle weiter nördlich erbaut. Sie ist im Gegensatz zu ihrer Vorgängerin nicht aus Stein, sondern aus Holz gebaut und hat eine äußerst originelle Form. Ihr tropfenförmiger Grundriss erinnert an ein Boot, ein Blatt oder an ein Auge – vielleicht das allsehende Auge Gottes.

Obwohl die Caplutta eindeutig ein moderner Bau ist, fügt sie sich harmonisch in die Umgebung und in die christliche Tradition ein. Die Glocken hängen von einer Art Mast neben dem Gebäude. Die Kapelle hat keinen Kirchturm und braucht auch keinen. Aus dem talwärts gelegenen Dorf betrachtet sieht sie wie ein zylindrischer Turm aus, der Himmel und Erde verbindet.

Die Decke der Kapelle spitzt sich auf der Altarseite zu und lenkt die Blicke der versammelten Gemeinde himmelwärts – genau wie die Fenster, die wie bei einem klassischen Obergaden hoch oben in der Wand gelegen sind.

Auf den ersten Blick sieht das Innere der Kapelle mit seiner Balkendecke wie ein umgedrehtes Boot und nicht wie ein typisches Kirchenschiff aus. Doch die Form passt zu diesem „Schiff der Seelen". Die Kapelle ist eine sichere Zuflucht vor der stürmischen See des Lebens, in der sich die Menschen zum Gebet und zur Gottesverehrung oder einfach nur zur inneren Einkehr treffen.

Devon, England

WISTMAN'S WOOD VON ANDREW MOTION

Kostbares Juwel ungezähmter Natur

Wistman's Wood: Ein seltsamer Ort, unnahbar und fremd. Dieser uralte Wald liegt mitten im Dartmoor und soll einst Stätte druidischer Rituale gewesen sein. Er ist eines der kostbarsten Überbleibsel ungezähmter Natur.

Ich fahre zur Mitte des Moors und parke mein Auto im Hof eines schattigen Hotels in Two Bridges. Den Kragen hochgeschlagen, klettere ich über ein Gatter und wandere den West Dart River talaufwärts. Wald kann ich noch keinen entdecken, aber ein Freund hat mir gesagt, dass ich ihn nicht verpassen dürfe. Links steht der Bauernhof, den er erwähnt hat. Hühner picken im Hof und ein schwarzer Hund zerrt wütend an seiner Leine. Rechts und vor mir liegt das Moor, dessen neblige Seufzer sich weiter und weiter ausdehnen, bis sie das Lied der Lerchen verschlucken. Was glaubte ich hier zu finden? Ich kenne die Fakten. Das Dartmoor war einst, abgesehen von den höchsten Felshügeln („tors"), von Wald bedeckt. Die Menschen der Mittel- und Jungsteinzeit rodeten ihn, um Ackerland zu gewinnen, und schufen so die heutige Wildnis. Nur an wenigen Stellen gibt es noch diesen

uralten Wald und nirgends ist er gespenstischer als hier. Dies versprach mein Freund, der mir ein Wirrwarr aus verkrüppelten Eichen beschrieb, mit Ebereschen, Stechpalmen und Weiden, die sich um moosbedeckte Felsen winden und von Moosen, Flechten und Farnen überwuchert sind.

Eine gute Stunde später, glänzend nass von der feuchten Luft, stehe ich vor dem Wald. Noch nie zuvor habe ich so etwas gesehen. Schon früheste Beschreibungen betonen die schrumpelige, windgebeugte Erscheinung. Im 17. Jahrhundert schrieb der Topograf Tristram Risdon, die Bäume seien

UNTEN: Uralte, verwachsene Eichen im Wistman's Wood, die von Flechten und Moos bedeckt sind. Einer Sage nach war dies einst ein heiliger Druidenhain für heidnische Rituale.

nicht größer als ein Mann. Die Jahrhunderte haben sie ein wenig gestreckt: Bei meiner Wanderung um den Wald entdecke ich bis zu sechs Meter hohe Exemplare. Doch solche sind die Ausnahmen. Die meisten sind nicht größer als ich, mit dünnen, silbriggrünen Armen und Händen, die sich unter unsichtbaren Kräften krümmen. „Das Leben ist solch eine Mühsal!" scheinen ihre Gesten zu sagen. „Seht, womit wir auskommen müssen: Regen und Nebel in der Luft und statt Erde nur Stein!" Und die Felsbrocken sind gewaltig, richtiggehend riesig neben den niedrig gewachsenen Bäumen. Hier sind die Maßstäbe verzerrt. Je länger ich hinsehe, desto verzauberter erscheint der Wald. „Wistman's" ist eine Abwandlung von „wisht hounds", einem Dialektwort aus Devonshire. Es bezeichnet die sagenhaften Höllenhunde, die Sünder jagen.

Ich beende meine Umrundung, lege die Hände schützend auf mein Gesicht und zwänge mich hinein. Der Wald erbebt und schlägt mit federigen Zweigen nach meinem Gesicht. Ich halte inne. Mein Eindringen war eine Störung. Was wollte ich überhaupt in seiner undurchdringlichen Mitte, einer eigenen Welt aus wild wachsenden Hölzern, Blättern und Fasern? Sie braucht mich nicht. Sie lehnt mich ab. Stößt mich zurück in die Außenwelt, wo ich nun still und schwer atmend stehe. Ich bin nur ein Zaungast, aus dem wilden Garten vertrieben. Ich verbeuge mich und mache mich auf den langen Weg zurück übers Moor.

RECHTS UND LINKS: Moos, Flechten und Farne bedecken fast alles hier im Wald.

Assisi, Italien

BASILIKA SAN FRANCESCO

Der heilige Franz von Assisi ist eine wichtige Figur im Christentum. Wie sehr er verehrt wird, sieht man an der Größe dieses auf einem Hügel gelegenen Kirchenkomplexes. Im frühen 13. Jahrhundert gab Franz nach einer religiösen Wandlung sein Vorhaben, Soldat zu werden, auf und begann, religiöse Gedichte zu schreiben. Darin vertrat er die Idee, dass man Gott am ehesten in seiner Schöpfung sehen konnte – in den Tieren und Pflanzen. Auf diesen Ansichten und den Tugenden der Buße und Enthaltung begründete er den Orden, deren Mutterhaus diese Basilika ist.

Seit siebeneinhalb Jahrhunderten prägt die Basilika schon die umliegende Landschaft. Sie besteht aus einer Ober- und einer Unterkirche und dieser halb gotische, halb romanische Bau erhebt sich über das imposante Hügelkloster, in dem die neuen Mönche des Franziskanerordens aufgenommen wurden.

Über dem Eingang der Unterkirche befindet sich eine kunstvolle Fensterrose: das „Auge der Kirche". Weiter oben erstrecken sich die strahlenden Weiten der Oberkirche; in der Tiefe liegt die Krypta mit dem Grab des Franz von Assisi. Es wurde lange Zeit geheim gehalten, um die Überreste des Heiligen davor zu schützen, stückweise als Reliquien in ganz Europa verbreitet zu werden.

Die Pracht der Basilika liegt nicht nur in ihren gleichmäßig verteilten Buntglasfenstern, sondern auch in den Kunstwerken davor. Fresken von Künstlern wie Cimabue und Giotto stellen den Einklang zwischen Mensch und Natur bildlich dar. Statt die Macht der Kirche zu verkünden, strahlt diese Basilika Bescheidenheit und Güte aus.

RECHTS: Die Basilika San Francesco liegt in den Bergen am Rand der Stadt Assisi. Sie ist das Mutterhaus des Franziskanerordens und wurde als Denkmal und Grabstätte des heiligen Franz von Assisi gebaut.

OBEN: Den gotischen „Kreuzgang der Stille" ließ König
Dionysius im 13. Jahrhundert an
die Abtei von Alcobaça anbauen.

RECHTS: Blick von hinter dem
Altar auf das hohe, schmale
Kirchenschiff. Die spärlichen
Ornamente folgen den
Grundsätzen der zisterziensi-
schen Architektur.

Alcobaça, Portugal

ABTEI VON ALCOBAÇA

Das Kloster der heiligen Maria von Alcobaça wurde 1153 von
Alfons I. (1139–1185), dem ersten König Portugals, gegründet.
Portugal hatte die Unabhängigkeit vom Königreich León
erlangt und den muslimischen Herrschern der iberischen
Halbinsel einige Niederlagen zugefügt. Alfons übergab die
Stätte dem Zisterzienserorden, der dank des heiligen Bernhard
eine Blütezeit erfuhr. Die Abtei ähnelte Bernhards eigenem
Kloster Clairvaux in Frankreich. Clairvaux ist heute verfallen,
doch Alcobaça erstrahlt noch immer in mittelalterlicher
Pracht. Die Abtei war der erste rein gotische Bau Portugals
und sie ist an Größe und Schönheit in Europa einmalig. Seit
ihrer Weihe 1252 ist Alcobaça die größte Kirche Portugals.

Die Hauptfassade des Klosters wurde im Barock umgestal-
tet. Sie lässt nicht erahnen, was einen im Inneren erwartet.
Wer durch das Westtor eintritt, dem stockt der Atem. Das
lange, aber nur 22 Meter schmale Kirchenschiff – es ist mehr
als fünfmal so lang wie breit – hebt den Blick und die Seele
Richtung Himmel. Der Raum ist gewaltig und schlicht
zugleich, einzig die Säulen weisen kleine Ornamente auf. Dem
heiligen Bernhard zufolge sollte ein Kloster die Seele nähren,
nicht den Körper. Es sollte eine heilige Stätte sein, in der sich
das Geistige über das Materielle erhob. Die zisterziensische
Architektur, die wir schon in der Abtei Sénanque in Frankreich
entdeckt haben (siehe S. 40–41), erfüllte dieses Ideal.

Das Innere ist aber keineswegs düster. Durch große Fenster und die Fensterrose am westlichen Ende fällt Licht auf den
hellen Stein. Weitere Fensterrosen findet man in den Quer-
schiffen, wo das tragische Liebespaar König Pedro I. und Inês
de Castro ruht. Ihre kunstvoll verzierten Marmorgräber bilden
einen starken Kontrast zu den schlichten Mauern.

Die Klosterkirche ist ein Ort feierlicher Würde, an dem
massiver Stein unerschütterlichen Glauben verkörpert. Der
angrenzende „Kreuzgang der Stille" ist von ähnlicher Einfachheit, wenn auch kleiner und zierlicher. Er wirkt eher vertrau-
lich als gewaltig – passend für einen Ort, an dem einst Mönche in stiller Einkehr wandelten.

Toskana, Italien

MONTALCINO UND DIE ABTEI VON SANT'ANTIMO

VON ALEXANDER McCALL SMITH

Eine Landschaft von unendlicher Harmonie

Ich war Student an der Universität von Siena, als ich zum ersten Mal Montalcino sah. Orte, die man in jungen Jahren bereist, hinterlassen oft bleibende Eindrücke, verstärkt vom Lauf der Zeit und vom Verschwimmen der Erinnerung. Ich fuhr mit dem Bus die kurvige Straße in die kleine Stadt hinauf und stieg bei der bedrohlichen Festung aus, die aus jeder Richtung ein beeindruckender Anblick war. Damals gab es weniger Besucher als heute und die Umgebung wirkte ein wenig verschlafen. Wie in vielen Städten und Dörfern Italiens spürte man, dass hier vor langer Zeit bedeutende Dinge geschehen waren. Ich erkundete einen Tag lang die Gassen der Stadt und die Wege, die sich durch die Olivenhaine schlängelten. Von beinahe überall erhält man einen Blick auf die toskanische Landschaft, die als Kulisse für Hunderte Gemälde der Renaissance gedient haben muss. Es hätte mich nicht überrascht, wenn Engel am Himmel über diesen Hügeln erschienen wären. Dem englischen Dichter Al Alvarez ist es gelungen, in seinem bewegenden Gedicht „Angels in Italy" (deutsch: Engel in Italien) die Magie dieser Landschaft festzuhalten.

Auf meinen nächsten Reisen, Jahre später, begann ich, auch die Umgebung zu erkunden. Ich besuchte Sant'Angelo in Colle, ein Bergdorf, das von Weitem aussah, als schwebte es über dem Land. Ich kam an einem Bauernhof vorbei. Hier standen zwei weiße Ochsen und unter einem Baum ein klappriger Holzkarren. Die Hektik der modernen Welt in den Städten war hier überhaupt nicht vorhanden. Man bekam nicht den Eindruck, dass das Leben und Arbeiten in dieser Landschaft ein hartes Brot war. Ich empfand nur eine unglaubliche, unendliche Harmonie.

Und dann entdeckte ich die Abtei von Sant'Antimo, nur wenige Kilometer südlich der Stadt gelegen. Für viele ist sie die schönste der romanischen Kirchen Italiens, mit ihren weichen, runden Formen und ihrem Turm mit quadratischer Grundfläche, umgeben von Zypressen und Olivenhainen. Die spirituelle Ausstrahlung eines Ortes nimmt mit dem Alter zu: An einem solchen Ort des Gebets entsteht eine Art spirituelle Patina. Die Klostergesänge, die hier seit Jahrhunderten zu hören sind, haben die Grundfeste der Abtei durchdrungen und erinnern uns an die uralten Wurzeln des Christentums. Es ist in Ordnung, wenn Besucher die hier verkündete Botschaft nur in einem übertragenen Sinn annehmen können. Was zählt, ist die Sehnsucht nach spiritueller Erfüllung, die diesen Ort zu einer heiligen Stätte für Mönche und viele andere Menschen gemacht hat, die seit Jahrhunderten hier beten.

Hier gibt es noch das alte Stundengebet mit Laudes, Terz, Sext, Non, Vesper und Komplet. Der fromme Tagesablauf ist so genau geregelt wie der Wechsel der Jahreszeiten und das Leben in der toskanischen Landschaft ringsherum. Nur keine Eile. Die Oliven und Trauben reifen schon zu ihrer Zeit. Halte inne und lausche! Denk darüber nach, wer du bist und warum du tust, was du tust! Schließe deine Augen! Stell dir Engel vor!

SEITE 100: Die sanften Hügel des Val d'Orcia. Montalcino liegt inmitten dieses Tals.

SEITE 101: Die dicht gedrängten Häuser der mittelalterlichen Stadt Montalcino, die nach einer Eichenart benannt wurde.

LINKS: Die Abtei von Sant'Antimo, zwischen den Zypressen und Olivenhainen, die typisch für diesen Teil der Toskana sind. Das Kloster wurde größtenteils im 12. Jahrhundert erbaut. Die weichen Umrisse und runden Bögen sind Merkmale des romanischen Baustils.

Djenné, Mali

GROSSE MOSCHEE

Auf den ersten Blick ähnelt die Große Moschee von Djenné einem riesigen Termitenbau. Die raue Oberfläche und die kegelförmigen Spitzen dieses außergewöhnlichen Gebäudes unterscheiden sich in Farbe und Material nicht von der rotbraunen Erde des Bodens. Die Spitzen dieses islamischen Gotteshauses zeugen von einem noch älteren Glauben – ähnlich wie wir dies bei den Schreinen des Dogon-Volks sehen werden, das Erdgötter und Ahnengeister verehrt (siehe S. 126–129). Die höchsten Spitzen der Großen Moschee stehen auf den drei Minaretten der nach Mekka gewandten Ostfassade. Jede einzelne ist von einem Straußenei gekrönt, einem traditionellen Symbol für Leben, Fruchtbarkeit und Erneuerung. Hier vereint sich die Heiligkeit einer islamischen Moschee mit der uralten Verehrung der Erde und deren unbeständiger Fruchtbarkeit – in einer Gegend, die bedrohlich nahe an der Sahara liegt.

Die Große Moschee ist das größte sakrale Lehmgebäude der Welt. Um sie vor Flut zu schützen, errichtete man sie auf einer künstlichen Anhebung. Ihre 45 Meter langen und 20 Meter hohen Mauern überragen den Marktplatz von Djenné. Die Anlage besteht aus zwei Gebetshallen, einer nach oben offenen und einer überdachten. Die Lehmwände halten den geschlossenen Raum tagsüber angenehm kühl, in der Nacht geben sie die gespeicherte Wärme wieder ab. Unter dem von zahlreichen Holzpfeilern gestützten Dach finden rund tausend Gläubige Platz.

Die Moschee ist vor Flut sicher, doch Regen und Hitze können ihren Lehmwänden schaden. Daher leiten Abflussrohre den Regen vom Gebäude weg. In die Wände eingebrachte Palmstämme stabilisieren und schützen diese bei schwankenden Temperaturen und gegen Luftfeuchtigkeit. Einmal im Jahr dienen diese Stämme auch als Leitern. Dann erklimmen die Einwohner Djennés die Moschee und bessern die Außenwände mit Lehm aus. Die gemeinschaftliche Arbeit und das Fest bieten die Gelegenheit, Allah für seinen immerwährenden Segen zu danken.

OBEN: Ein schattiger Gang in der Großen Moschee.

RECHTS: Blick auf die drei Türme der Ostfassade. Aus den Mauern ragen Palmstämme hervor.

BETLEHEM

Betlehem hat viele unterschiedliche Bedeutungen und weckt stark voneinander abweichende Assoziationen, positive wie negative: Sie gilt als Geburtsort Christi, als kleine Stadt mit einer Herberge und einer Krippe. Heute prägen Stacheldraht, eine verhasste Mauer und eine belagerte Kirche das Bild. Christliche Kreuzritter fielen vor rund tausend Jahren hier ein, heute liegt die Stadt in den Palästinensergebieten. Kinkerlitzchen für Touristen werden hier ebenso aufdringlich feilgeboten wie Reliquien für Pilger. Der Name der Stadt bedeutet auf Hebräisch „Haus des Brotes" und auf Arabisch „Haus des Fleisches" – die Wüste vor der Stadt scheint beides zu widerlegen. Die Bedeutung Betlehems ist schwer zu ergründen.

Diese betriebsame Stadt mit rund 30 000 Einwohnern liegt im Brennpunkt einiger der ältesten Streitfragen der Geschichte. Sie war nicht immer ein heiterer, aber stets ein bedeutungsvoller Ort.

Der Bibel nach hat sich hier die Geburt Jesu ereignet. Daran erinnert die imposante Geburtskirche, die über jener Höhle errichtet wurde, in der Maria Jesus geboren haben soll. Die Kirche wurde abgerissen, wieder aufgebaut, erobert, wiedergewonnen und sogar von israelischen Soldaten belagert, als sich 2002 militante Palästinenser dort verschanzt hatten. Heute haben die drei christliche Konfessionen sie unter sich aufgeteilt, so ist der Hauptaltarraum griechisch-orthodox und die Seitenaltäre armenisch bzw. römisch-katholisch. Doch auch viele Juden pilgern nach Betlehem und besuchen das Grab Rachels, der Ehefrau Jakobs.

Für die Einwohner der Stadt bedeutet Betlehem vor allem Heimat. Nur die Mauer, die Betlehem von Israel trennt, bringt sowohl die muslimische Mehrheit als auch die alte christliche Gemeinschaft häufig zur Verzweiflung. Sie verstärkt die Spannungen zwischen den Einwohnern, Abwanderung ist eine der Folgen. Doch obwohl Betlehem ein Ort politischer Konflikte geworden ist, erweckt die Stadt noch immer ein Gefühl der Ehrfurcht, das Christen, Juden und Muslime gleichermaßen respektieren.

OBEN: Das Innere der Geburtskirche am Krippenplatz in Betlehem. Die Kirche ist eine bedeutende Stätte für Christen und Muslime und war 2002 Schauplatz einer bewaffneten Auseinandersetzung. Sie steht auf der Höhle, in der Jesus geboren worden sein soll.

LINKS: Die Silhouette von Betlehem. Zwei Kirchtürme flankieren das Minarett der Omar-Moschee, der einzigen Moschee in der alten Stadt.

Sinai-Halbinsel, Ägypten

BERG SINAI

Er mag nicht der höchste Berg im Süden der Sinai-Halbinsel sein und auch nicht der eindrucksvollste. Die Bedeutung des Berges Sinai entstammt vielmehr einer tieferen Wahrheit: dem Glauben.

In der Bibel ist dies der Berg, auf dem Gott zu Moses sprach. Hier begegnete er dem brennenden Dornbusch, hier erfuhr er von Gott seine Berufung und hier empfing er die Zehn Gebote. Auch wenn nicht eindeutig feststeht, ob der heutige Sinai derselbe Berg ist, der in der Heiligen Schrift beschrieben ist, zieht er Massen von Pilgern an. Sie erklimmen ihn über den „Sikket Saydna Musa", den „Mosespfad", der sich über 3750 „Stufen der Buße" ausdehnt.

Am Fuß des Berges befindet sich das Katharinenkloster, eines der ältesten christlichen Klöster der Welt. Der Legende nach wurden die sterblichen Überreste der heiligen Katharina von Alexandrien von Engeln zum Berg Sinai gebracht und von den Mönchen dort gefunden. Heute ist auch das Kloster selbst ein beliebter Pilgerort. Es steht an der Mündung einer unzugänglichen Schlucht und verfügt über die weltweit zweitgrößte Sammlung alter Handschriften.

Die Pilger wandern in der Nacht, um der Hitze zu entgehen, vorbei an Zypressen und an alten Kapellen, die zu Ehren der Jungfrau Maria und anderer Heiliger errichtet wurden. Sie durchschreiten einen Steinbogen, auf dem angeblich vor langer Zeit ein Mönch saß und Reisenden die Beichte abnahm. In Gipfelnähe gelangen sie an ein natürliches Amphitheater, in dem die 70 Ältesten warteten, während Gott zu Moses sprach. Auf dem felsigen Gipfel stehen eine Moschee und eine kleine griechisch-orthodoxe Kapelle. Hier sprechen die Pilger ihre Gebete und Danksagungen oder lassen einfach nur ihren Blick schweifen, während die Sonne über den Bergen aufgeht.

LINKS: Ins Gebet versunkene Pilger. An diesem Ort auf dem Berg Sinai soll Gott zu Moses gesprochen haben.

Damaskus, Syrien

UMAYYADEN-MOSCHEE

Auf heiligem Boden

VON JAN MORRIS

Mitten im geschäftigen Treiben von Damaskus – eine wimmelnde, lärmende Farbpalette aus Autos und Menschen – liegt am Ende eines Basars eine Insel unumstrittener Heiligkeit.

Die große Umayyaden-Moschee von Damaskus ist die älteste unter den bedeutendsten Moscheen des Islam und seit vielen Jahrhunderten ein berühmtes Heiligtum. Zuvor stand hier ein römischer Tempel des Gottes Jupiter. Dann eine christliche Kathedrale, in der angeblich der Kopf des Märtyrers Johannes des Täufers verehrt wurde. Als im 9. Jahrhundert die Moschee entstand, wollten ihre Erbauer ein islamisches Weltwunder erschaffen.

Es heißt, dass die allererste Moschee wenig mehr als ein in den arabischen Sand geritzter Grundriss war, bis man darauf Gebäude errichtete, um dem Lehmziegelbau

Mohammeds in Medina zu gedenken. Aus diesem Grund hat die Moschee von Damaskus auch heute noch etwas von der häuslichen Bescheidenheit, die sich in ein Wunderwerk edlen Glaubens verwandelt hat.

Dazu gehört auch die große Gebetshalle, deren Teppiche und Säulen sie geheimnisvoll und sinnlich erscheinen lassen. Und hier sitzen sie, die treuen Gläubigen, zu jeder Tageszeit und beten und meditieren, geschützt vor der sengenden Hitze Syriens in dieser gigantischen Neuinterpretation des alten Gebetshofes aus Lehm in Medina. Die restliche Moschee ist nach oben hin offen und hier in diesem von Säulengängen umgebenen Innenhof kann man sich gut das Rechteck im Sand vorstellen, in dem der allererste Muslim zu Allah betete. Einst schmückten diesen blanken Hof bunte Mosaike, nun sind diese nur noch einfarbig und ernst, wie die Wüste selbst. Tauben fliegen herum und Menschen wandeln über den Hof oder sitzen in Gedanken versunken.

Hoch über diesem gigantischen Platz steht das größte der drei Minarette der Moschee, eindrucksvoll und wachsam, wie die Kommandobrücke eines Kriegsschiffes. Von seinem überdachten Deck erschallt schon seit Jahrhunderten der Ruf zum Gebet. Und zuvor hörte man hier wohl die Gesänge der Priester Jupiters – eines der Minarette wurde auf einen Turm des heidnischen Tempels gebaut. Dann erklangen die Hymnen christlicher Frömmigkeit und selbst heute noch liegt der Kopf des Johannes angeblich in einem Schrein in der Gebetshalle.

Heute ist es die charakteristische Aura des Islam, die die heilige Atmosphäre der Umayyaden-Moschee ausmacht. Doch für mich lebt hier auch ihre uralte Geschichte weiter, die gemeinsam mit der architektonischen Pracht etwas vermittelt, das allen Religionen heilig ist.

GANZ LINKS: Luftaufnahme von Damaskus. In der Mitte die markante Umayyaden-Moschee mit ihrem Innenhof und den drei Minaretten.

LINKS: Detailansicht eines Mosaïks an der Hauptfassade. Einst war die obere Hälfte fast aller Mauern so verziert, während die untere Hälfte mit Marmor verkleidet war. Heute sind nur noch wenige der Mosaike erhalten. Auf den meisten sieht man Dörfer und Häuser inmitten stilisierter Pflanzen und Bäume, die das Paradies darstellen.

OBEN: Frauen sitzen in einem der Bogengänge, geschützt vor der syrischen Hitze.

RECHTS: Der von Säulengängen umgebene Innenhof der Moschee ist ein Treffpunkt für Gläubige. Der darin freistehende, achteckige Bau ist das Schatzhaus, in dem einst öffentliche Gelder verwahrt wurden.

Istanbul, Türkei

HAGIA SOPHIA

Dieses kolossale Bauwerk war zunächst 900 Jahre lang eine christliche Kathedrale, dann 500 Jahre lang eine islamische Moschee. Es hat mächtige Kaiser und Sultane überlebt und unter den grausamen Plünderungen zahlreicher Invasoren gelitten. Die Hagia Sophia („heilige Weisheit") trägt für eine Gebetsstätte mehr als genug Narben. Viele ihrer einst prachtvollen byzantinischen Mosaike wurden beschädigt oder sogar zerstört und ihre kostbaren islamischen Teppiche wurden entfernt, als das Gebäude 1935 in ein Museum umgewandelt wurde.

Heute existieren hier beide Religionen, zur Eintracht gezwungen. Riesige Scheiben mit den Namen Allahs und Mohammeds hängen neben restaurierten Goldikonen mit dem Abbild des Christus Pantokrator („Allmächtiger"). Während der Islam die Darstellung von Mensch und Gott verbietet, schwelgt das Christentum darin. Ein krasser Gegensatz, der hier deutlich wird.

Auch wenn die Kunstwerke Widersprüche vermitteln, so umfängt den gesamten Bau doch eine Aura der Kraft. Sie strahlt aus den massiven Säulen, Marmorböden und riesigen mediterranen Steinblöcken (Porphyr aus Ägypten, schwarzer Stein aus dem Bosporus, gelber aus Syrien). Die große Kuppel in der Mitte ist 55 Meter hoch und rundherum mit 40 Fenstern bestückt. Die einfallenden Lichtstrahlen lassen die Kuppel scheinbar schweben, wie von göttlicher Hand.

10 000 Arbeiter waren an der Errichtung dieses gewaltigen Bauwerks beteiligt. Als es 537 n. Chr. offiziell geweiht wurde, war es bereits die dritte christliche Kathedrale, die an diesem Platz entstanden war (die erste stammte aus 360 n. Chr.). Seit damals hat die Hagia Sophia verheerende Katastrophen überstanden – sowohl von Menschenhand (Krieg und Plünderungen) als auch von der Natur (Brände und Erdbeben) verursachte. Sie hat sie alle überdauert.

OBEN: Die Hagia Sophia von außen. Die Minarette wurden später an die Moschee angebaut.

RECHTS: Der riesige, hallende Innenraum trägt die Spuren des Christentums und des Islam.

Nord-Wollo, Äthiopien

LALIBELA

VON PICO IYER

Äthiopiens neues Jerusalem der Felsenkirchen

Wohin man hier auch blickt, sieht man Gläubige in weißen Gewändern und Priester mit langen Bärten und leuchtenden Augen, die wippend in ihren ledergebundenen Bibeln lesen. Auf den Hängen rund um die Felsenkirchen sind Hunderte vermummte Gestalten versammelt. Die Sonne geht auf und die Priester stehen unter bunten Regenschirmen und Weihrauch. Pilger mit Namen wie Betlehem, Salomo und Abraham sind unter ihnen. Sie haben eine zweiwöchige Wanderung hinter sich, um an diesem geheiligten Ort zu sein.

In dunklen Kammern in zweistöckigen Hütten mit weißen Kreuzen an eisernen Türen sitzen die Nonnen. Knaben machen Musik mit Trommeln und Sistren. Orte der Umgebung heißen Golgota und Nazaret und der Fluss Jordan, damit Gläubige, die nicht nach Jerusalem reisen können, ein neues Jerusalem in ihrer Heimat haben. „Das ist das Paradies", sagt der Fremdenführer, der mir am Neujahrstag die elf 700 Jahre alten Kirchen zeigt, die aus dem roten Stein gehauen sind. „Wer hier entlanggeht, wandelt im Paradies."

Ein großer Teil Äthiopiens ist wie die laute, fröhliche Kirche der ältesten Christengemeinde der Welt. Schafhirten, Esel und Olivenbäume zeugen von einer Kultur, die sich in 1600 Jahren kaum verändert hat. Manche sagen, dass hier der Garten Eden lag. Andere vermuten, dass hier die Bundeslade vergraben liegt. Gesichert ist, dass es die Heimat der Königin von Saba war. Hier zählt auch heute noch der Julianische Kalender mit seinen 13 Monaten im Jahr. Das äthiopische Henochbuch (das man dem Urgroßvater Noahs und Sohn Jereds zuschreibt) ist nur in der äthiopischen Sprache Ge'ez überliefert.

In keinem Land, in dem ich war, außer vielleicht in Tibet, spürt man die Macht des Gebets so stark wie in Äthiopien. Und diese ganze Kraft findet sich gebündelt in Lalibela, einer entlegenen Anhäufung religiöser Bauten, die man nur über eine unbefestigte Straße erreicht (auf der die Räder in tro-

OBEN: Ein Priester am Eingang zur Kirche Bet Gabriel-Rufael. Sie ist eine der elf Felsenkirchen von Lalibela.

LINKS: Die kreuzförmige Kirche Bet Giyorgis. Sie wurde zur Gänze aus dem Stein gehauen. Ihr Dach liegt auf der Höhe der umliegenden Landschaft.

ckenen Flussbetten durchdrehen). Das Licht fällt durch kreuzförmige Fenster. Weihrauch zieht über uralte Plätze. Knaben
huschen durch unterirdische Gänge. Priester in purpurnen
Roben, mit goldenen Kreuzen in den Händen, beten leise im
Dämmerlicht.

Es sind nicht nur die Gläubigen oder die Geschichte, die
einen Ort wahrhaftig heilig machen. Ein heiliger Ort lebt,
atmet, weint und schnürt einem manchmal die Kehle zu.
Lalibela ist so ein Ort, mit seinen dünnbärtigen Priestern, die
dem Buch der Könige entstiegen zu sein scheinen, und seiner unglaublichen Stille. Als die Schwarzhemden Mussolinis
einfielen, kam der Kaiser zum Beten hierher. Ein historischer
Moment vor der atemberaubenden Weite der Hochebene.

Für die Äthiopier sind die Felsenkirchen mithilfe von
Engeln entstanden. Einer soll im 12. Jahrhundert König Lalibela
erschienen sein und ihm den Bau einer Stadt im Norden aufge-
tragen haben. Historiker haben herausgefunden, dass Maurer
aus Spanien, Griechenland und sogar Indien in 23 Jahren die
Bauten in 2300 Metern Seehöhe errichteten. Die Stätte ist ein
Zeugnis dafür, was alles möglich ist. Von 1544 bis etwa 1868
hat kein Europäer diesen Ort gesehen. Nun steht er allen offen,
die den weiten Weg über die Ebenen auf sich nehmen.

OBEN: Ein Priester liest im dunklen Innenraum der Felsenkirche
Bet Golgotha in Lalibela.

LINKS: Ein Priester bei der
Rast im Fenster einer anderen
Felsenkirche.

Jerusalem, Israel

TEMPELBERG

Dieses 14 Hektar große, von Menschenhand erschaffene Plateau in der Altstadt Jerusalems ist von religiöser Bedeutung so durchdrungen wie kaum ein anderer Ort auf der Welt. Wohl nirgendwo sonst haben Politik und Geschichte auf so engem Rauem eine so große Rolle gespielt. Egal, von welchem Blickwinkel aus man ihn betrachtet und welchem Glauben man angehört: Den Tempelberg zu verstehen kann unsere Vorstellung vom Menschsein prägen.

Innerhalb der Anlage befindet sich der heiligste Ort des Judentums und zugleich der drittheiligste des Islam. Die Tora besagt, dass Adam hier aus Staub erschaffen wurde. Für Muslime markiert die goldene Kuppel des Felsendoms das Ziel von Mohammeds nächtlicher Reise nach Jerusalem und die Stätte seiner Himmelfahrt. Nicht weit außerhalb der Anlage steht die Grabeskirche auf dem Hügel Golgota, dem Ort der Kreuzigung Jesu. Auf der anderen Seite der Westmauer – der Klagemauer – versammeln sich Juden aus Israel und der ganzen Welt zum Gebet an dieser heiligsten Stätte, die das einzige Überbleibsel des zweiten Tempels ist. In die Ritzen zwischen den Kalksteinblöcken stecken sie kleine Zettel mit Gebeten und Botschaften an Gott.

Die Juden an der Westmauer dürfen aus religiösen und politischen Gründen nicht in der Anlage beten. Einerseits, damit sie nicht unrein den heiligsten Ort betreten, und andererseits, um den Konflikt um die Glaubenshoheit über die Stätte nicht wieder eskalieren zu lassen. Die sichtlich nervösen Polizisten, die hier patrouillieren, gehören genauso in das Bild wie die Gläubigen. Sie ist seltsam, diese Zerrissenheit an einem Ort, der trotz allem bleibt, was er schon immer war: einer der religiös am dichtesten besetzten und damit brisantesten Orte der Welt.

OBEN: Tempelberg und Felsendom. Die heilige Stätte für Juden und Muslime wird täglich von Tausenden Pilgern besucht.

RECHTS: Der Felsendom. Er wurde im 7. Jahrhundert n. Chr. gebaut und ist das älteste noch bestehende islamische Gebäude der Welt.

Meroe, Sudan

PYRAMIDEN VON MEROE

Die Pyramidengräber von Meroe tauchen wie Inseln aus dem Sandmeer der Wüste auf. Sie sind stumme Zeugen der Pracht Nubiens, eines alten afrikanischen Reichs, dessen Blütezeit bis ins frühe Mittelalter dauerte. Meroe war eine der bedeutendsten Städte Nubiens und ab etwa 300 v. Chr. 700 Jahre lang die Hauptstadt des Königreiches Kusch. Was blieb, sind Hunderte Steinhügel und die nackten Ruinen von Palästen und Tempeln im ägyptischen Stil. Doch neben Meroe gab es noch eine weitere Stadt: eine heilige Totenstadt von 200 Grabpyramiden, in denen Könige, Königinnen und hohe Beamte begraben wurden.

Über 40 tote Herrscher wurden im Laufe der Zeit mumifiziert und in den Pyramiden aufgebahrt, die als Eingänge ins Jenseits galten. Kostbare Schätze, die in den folgenden Jahrhunderten leider größtenteils geraubt wurden, dienten als Grabbeigaben. Die Nubier waren stark vom der ägyptischen Kultur und dem Totenkult beeinflusst, doch die Pyramiden von Kusch waren keine bloßen Kopien ihre ägyptischen Vorbilder. Sie sind kleiner, steiler, stufiger und höchstens 30 Meter hoch. Von ihren Spitzen schwangen sich die Seelen der Verstorbenen zu den Göttern hinauf.

Man würde annehmen, dass der heutige Zustand der Gräber durch die vielen Sandstürme, die sie erlebt haben, bedingt ist. Tatsächlich war es leider ein italienischer Abenteurer auf der Suche nach Gold, der 1834 40 der Pyramiden beschädigte. Nur einige davon wurden restauriert.

An den Pyramiden befinden sich Kapellen, in denen die Kuschiter Begräbniszeremonien abhielten und Opfer brachten. Kunstvolle Friese zeigen die Herrscher im Profil, von den Flügeln der Isis beschützt. Die meriotischen Inschriften sind noch nicht entschlüsselt wurden. Die Toten von Meroe bewahren bis zu diesem Tag ihr Geheimnis.

RECHTS: Einige der 200 Pyramiden, in denen die Kuschiter ihre Toten begruben, um sie auf ihre Reise ins Jenseits zu schicken.

nahe Bulawayo, Simbabwe

DAS MATOPO-GEBIRGE

Magischer Wohnort der Geister

VON ALEXANDER McCALL SMITH

Das Matopo-Gebirge – oder auch Matobo-Gebirge – ist eine der bedeutendsten heiligen Landschaften Afrikas. Worte reichen nicht aus, es zu beschreiben. Sprache kann der Essenz dieser weitläufigen Granithügel nicht gerecht werden. Man kann sie nicht als „emporragend" beschreiben, denn so hoch sind sie gar nicht. Sie sind auch nicht bedrohlich oder verwildert oder trostlos. Sie sind friedlich, unberührt. Vor allem aber sind sie absolut magisch.

Vor den Toren der Stadt Bulawayo in Simbabwe erstreckt sich das Gebirge südwärts. Die Stadt wurde an der Stelle der alten Hauptstadt des Matabele-Königreichs errichtet, das der Ndebele-König Mzilikazi gegründet hatte. Mzilikazi liegt in einer Höhle am Rande des Matopo-Gebirges begraben. Seine Grabstätte war viele Jahre lang unbekannt. Vor über 20 Jahren suchte ich das Haus des Mediums auf, das über die Stätte wachte. Es war eine liebenswürdige, kultivierte Frau namens Alice, die mich durch das dichte Gebüsch zu einer Öffnung im Felsen führte. Dort sprach sie ein langes Lobgedicht der Ndebele. Solche Gedichte wurden traditionellerweise auch vor den Königen der Zulu und Ndebele vorgetragen. Als ich in die Höhle spähte, konnte ich die Überreste des alten Ochsenkarren des Königs erkennen. (Der Leichnam des Königs lag in einem anderen Teil der Höhle und war von Steinmauern umgeben.) Es war unmöglich, nicht von diesem Ort und seiner Bedeutung bewegt zu sein: die letzte Ruhestätte des Gründers eines Königreichs, dessen Geschichte von Trauer und Enttäuschungen geprägt ist.

Tiefer im Gebirge findet man zahllose verwitterte Granitbrocken, die teilweise übereinanderliegen. Diese gigantischen schroffen Felsen sind von graugrünen Flechten bewachsen, die einen schönen Kontrast bilden. Sie schimmern rot in der Abendsonne, blau aus der Ferne und nahezu weiß im frühen Morgenlicht. Sie strahlen eine Ruhe aus, die sich sogar über den eindringlichen Gesang der Zikaden zu legen scheint. Selbst wenn während der Regenzeit der Regen als dichter, weißer Vorhang zu Boden donnert, bewahren die Hügel unerschütterlich ihren Frieden.

Dieses Gebirge ist für das Volk der Ndebele der Wohnort der Geister ihrer Ahnen, die noch immer im Leben ihrer Nachkommen präsent sind. Dieser alte Glaube wurde vom Christentum verdrängt, doch spielt er für viele weiterhin eine Rolle – wenn auch eine verminderte. Der Glaube und das Land sind eng miteinander verbunden, ganz besonders an einem der schönsten Plätze des Matopo-Gebirges: dem Malindidzimu. Dieser „Wohnort der Geister" ist eine heilige Stätte der Ndebele und wurde von Cecil Rhodes zu seiner Grabstätte auserkoren. Heutige Besucher – selbst jene, die vom großen Leid in der Geschichte dieses Landes nichts wissen – sind stets sprachlos vor Staunen, wenn sie auf diesem Gipfel stehen und über die Hügel blicken, die über den Horizont hinausreichen, bis in das ferne Afrika unserer Träume.

RECHTS OBEN: Felsbrocken aus Granit auf dem Gipfel des Malindidzimu, dem „Wohnort der Geister" im Matopo-Gebirge.

RECHTS: Blick über die Dickichte und Felsnasen des unteren Matopo-Gebirges.

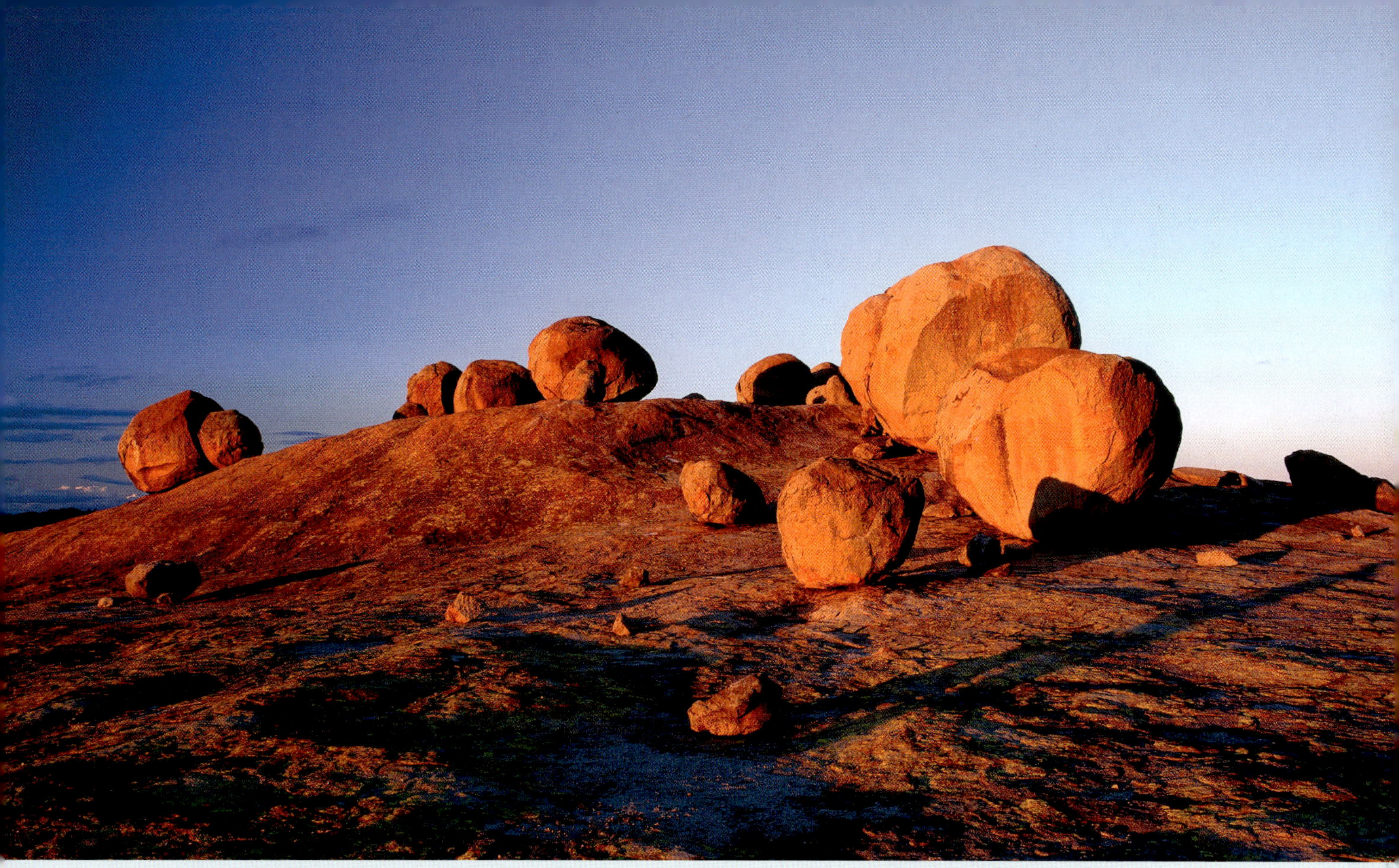
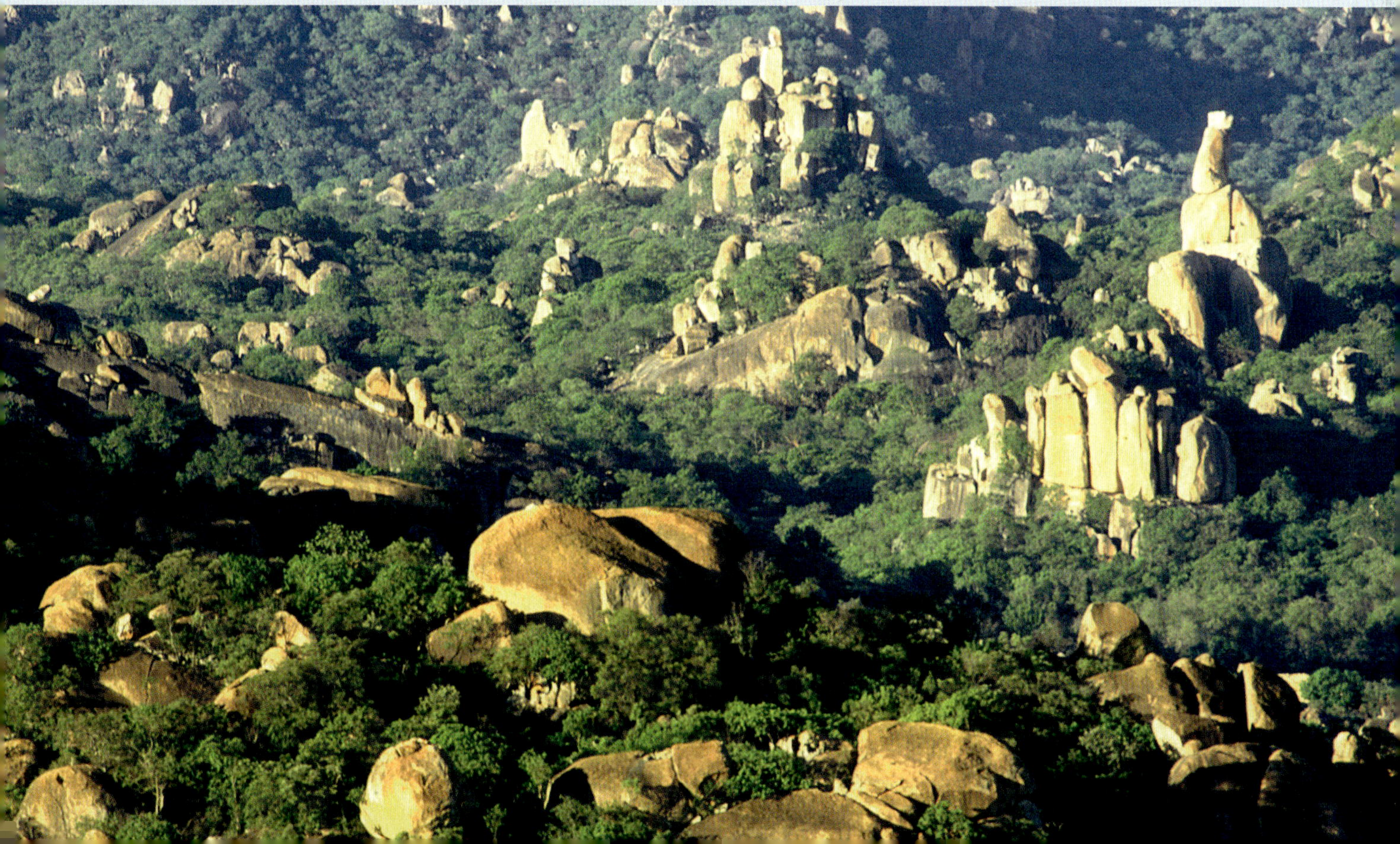

Bandiagara, Mali

SCHREINE DER DOGON

Das Volk der Dogon lebt zum größten Teil in Dörfern entlang des rund 170 Kilometer langen Bandiagara-Felsmassivs in Mali. Diese atemberaubende Landschaft ist für die Dogon geheiliges Land. Überall findet man bedeutsame Steine, Tümpel und Höhlen. Doch die heiligsten Stätten sind die außergewöhnlichen Schreine, die Teil jeder Dogon-Siedlung sind. Sie bestehen vor allem aus Lehm, wie auch die Wohnhäuser mit ihren Flachdächern und kegelförmigen Getreidespeichern, und sehen aus wie aus der Erde gewachsen. Die meisten der Heiligtümer sind Lebe- und Binu-Schreine.

In den Lebe-Schreinen steht der Altar des Erdgottes Lebe, der als die wichtigste Dogon-Gottheit angesehen wird. Lebe war das erste Wesen, das starb. Indem er als Schlange wiedergeboren wurde, begann mit ihm der ewige Kreislauf aus Geburt, Tod und neuem Wachstum. An seinem Schrein führt das Stammesoberhaupt des Dorfes, der Hogon, Fruchtbarkeitsrituale durch. Gemäß den uralten Schöpfungsgeschichten der Dogon war Lebe einer aus vier Zwillingspaaren, genannt Nommos, die zu Beginn der Schöpfung aus einem „kosmischen Ei" aus den Sternen zur Erde kamen. Sie waren die Vorfahren der Menschen und man sagt, dass ihre Geister in den acht Nischen der Außenwand eines typischen Lebe-Schreins wohnen.

Die anderen Schreine gehören zu einem Dogon-Kult, der Schutzgeister namens Binu verehrt. Diese Heiligtümer sind oft mit symbolhaften Bildern und Reliefs in den traditionellen Dogon-Farben Schwarz, Weiß und Rot sowie in Erdfarben verziert. Besonders auffällig sind die seltsamen

weißen Streifen an den Außenwänden. Es sind Opfergaben aus Hirsebrei. Sie werden in Ritualen, in denen die Binu-Geister um Regen und eine gute Ernte gebeten werden, auf die Wände gestrichen. Manchmal krönen auch Straußen-eier (ein Fruchtbarkeitssymbol) oder das kosmische Ei die vier oder acht Türmchen der Schreine – wie wir dies schon bei der Großen Moschee von Djenné (siehe S. 104–105) gesehen haben.

Hier sieht man sie wieder, die enge Verbindung zwischen Erde, Tieren und Menschen, die eine heilige Komponente der Dogon-Kultur ist.

UNTEN: Traditionelle Dogon-Malereien im Dorf Songo in Bandiagara. An dieser Stätte findet alle drei Jahre ein Beschneidungsritual statt. Die Bilder hier ähneln denen an manchen Binu-Schreinen.

UNTEN LINKS: Ein Dogon-Schrein für die Schöpfungsgeister Binu. Straußeneier, Symbole der Reinheit und Fruchtbarkeit, zieren die Türmchen.

FOLGENDE SEITEN: Ein verlassenes Dogon-Dorf.

Saudi-Arabien

MEKKA

Mekka ist eine geschäftige Weltstadt. Ihre rund eineinhalb Millionen Einwohner, die mehrspurigen Autobahnen, Geschäfte, Wohnblöcke, Büros und Hotels geben ihr das Tempo und Flair einer normalen modernen Metropole des 21. Jahrhunderts. Doch dieser Eindruck täuscht. Mekka ist wie keine andere Stadt auf der Welt. Sie ist die Geburtsstätte des Islam und Andersgläubige dürfen sie nicht betreten: weder die Stadt selbst noch einige andere Gebiete in diesem wüstenartigen Tal. Das Herz von Mekka bildet die Al-Haram-Moschee, in der die würfelförmige Kaaba steht. Darin befindet sich der heilige schwarze Stein, vermutlich ein Meteorit. Dieser Ort ist für zwei Milliarden Muslime der heiligste Ort der Welt.

Eine der heiligen Pflichten aller Muslime ist es, fünfmal täglich nach Mekka gewandt zu beten. Eine andere ist der „Hadsch", die Pilgerreise nach Mekka, die jeder Muslim zumindest einmal im Leben unternehmen soll, sofern es ihm möglich ist. Die Reise findet im Dhul-Hidscha, dem zwölften Monat des islamischen Kalenders, statt. Millionen Muslime aus der ganzen Welt kommen dann nach Mekka. Aus diesem Grund gibt es so viele Hotels in der Stadt – für die Pilger, nicht für Touristen.

Der Hadsch ist eine spirituelle Wiedergeburt. Er ist beschwerlich und beinhaltet nicht nur den Besuch der Kaaba, sondern auch den weiterer heiliger Stätten im Tal und dauert einige Tage. Die Reise nimmt außerhalb der

Stadt am „Miqat", ihren Ausgang, wo die Pilger rituelle Bäder nehmen, sich in nahtlose, weiße Gewänder kleiden, zu Allah beten und sich damit bewusst auf den Hadsch einlassen. Dann geht es weiter zur Al-Haram-Moschee für den Tawaf, den rituellen Gang, bei dem die Kaaba sieben Mal umrundet wird. Die Kaaba steht im asymmetrischen, von Säulengängen gesäumten Innenhof der Moschee.

Doch das ist erst der Anfang – die „Umra", der „geringere Hadsch". Um ihre Pflicht zu erfüllen, gehen die Pilger in den folgenden Tagen sieben Mal zwischen Mekkas heiligen Hügeln Safa und Marwa hin und her, preisen Allah in der glühenden Hitze der Arafat-Ebene, werfen in Mina Steine auf drei Säulen, die den Teufel darstellen sollen, schlafen in Muzdalifa unter freiem Himmel und vollziehen ein rituelles Opfer. Nach einem weiteren Tawaf in der Moschee gehen sie nach Mina zurück, bevor sie ein letztes Mal die Kaaba umrunden.

Damit ist der Hadsch vollständig und die Pilger kehren in ihre Heimat und in ihren Alltag zurück. Doch sie sind nun spirituell gereinigt und eins mit Allah. Von nun an dürfen sie sich „Hadschi" oder, als Frau, „Hadscha" nennen: „Pilger". Ein Sprichwort besagt, dass ein Pilger Mekka zwar wieder verlässt, Mekka jedoch für immer beim Pilger bleibt.

LINKS: Pilger berühren und küssen den schwarzen Stein und die Kaaba, das größte Heiligtum und die heiligste Pilgerstätte des Islam.

GANZ LINKS: Gläubige rund um die Kaaba im Innenhof der Al-Haram-Moschee in Mekka. Zu Beginn und am Ende des Hadsch (der Pilgerreise nach Mekka) müssen Pilger die Kaaba sieben Mal umrunden.

Provinz Ararat, Armenien

KLOSTER CHOR VIRAP

Das Kloster Chor Virap ist eine kleine, schmucklose Kirche mit Kapelle, die auf der weiten, flachen Ebene vor dem heiligen Berg Ararat steht. In der Bibel steht, dass Noahs Arche nach der Sintflut auf diesem Berg strandete. Die Bedeutung dieses scheinbar schlichten Klosters stammt jedoch nicht daher, sondern von der Geschichte Armeniens und wie es das erste christliche Land der Welt wurde.

Das Kloster besteht aus einer Kirche, einer kleineren Kapelle und den Schlaf- und Essräumen der Mönche. Es ist von Mauern umgeben, die an eine Festung erinnern. Die Muttergotteskirche („Surb Astvatsatsin") aus dem 17. Jahrhundert besteht aus roten Ziegeln. Von außen sieht man außer einigen Reliefs des armenischen Kreuzes kaum Verzierungen und auch nur wenige Fenster. Auch das Innere der Basilika wirkt spartanisch: Der winzige Altar ist beinahe der einzige Schmuck.

„Chor Virap" bedeutet im Armenischen „tiefe Grube". Und ganz in der Nähe, unter der St.-Georg-Kapelle, ist tatsächlich ein Tunnel im Fels versteckt. Metallsprossen im Stein führen hinunter in ein enges dunkles Verlies, das sechs Meter tief unter der Erde liegt. Das einzige Licht kommt aus einem winzigen Fensterloch und von einigen Kerzen, die an der dünnen Luft zehren.

Im 3. Jahrhundert n. Chr. wurde in diesem Kerker Gregor der Erleuchter, der Schutzpatron Armeniens, 13 Jahre lang von König Trdat III. gefangen gehalten. Der Sage nach litt der König an einer unheilbaren Krankheit. Gregor gelang es, den König zu heilen, und bekehrte ihn – und damit ganz Armenien – zum Christentum.

RECHTS: Das Kloster Chor Virap mit dem Berg Ararat im Hintergrund. Es steht auf einem der wenigen Hügel im Ararat-Tal und gehört zu den beliebtesten Pilgerorten Armeniens.

Arava, Jordanien

PETRA

VON PICO IYER

Eine versteckte Stadt in der Wüste

Durch einen winzigen Spalt im Sandstein geht es hinein, durch diese immer enger werdende Schlucht. Sie ist an manchen Stellen nur drei Meter breit ist, dabei aber so hoch, dass man den Himmel nicht sieht. Es geht weiter, eine gute Viertelstunde lang, durch den roten Fels, der so dunkel und still daliegt wie der Grund des Grand Canyon. Dann steht man plötzlich im Licht und vor einem erscheint ein gigantischer Palast mit sechs Säulen und zahlreichen Reliefs. Er ist 40 Meter hoch und 27 Meter breit und wurde direkt aus dem Fels gehauen. Dies ist das „Schatzhaus".

Ein Stück weiter weg, durch eine etwas breitere Schlucht, erreicht man die „Königswand", die von Gräbern übersät ist. Dann steht man wieder im Licht, auf einem riesigen Platz und vor einem liegt die versteckte Wüstenstadt. Es gibt ein Amphitheater, in dem einst über 3000 Zuschauer Platz fanden. Rund 500 Grabkammern liegen in den Hängen und Höhlen der Stadt. In der Ferne steht noch ein größeres Bauwerk als das Schatzhaus: das „Kloster".

Die „rote Felsenstadt" Petra in den Shara-Bergen im Süden Jordaniens wurde in den fünf Jahrhunderten vor Christi Geburt von den Nabatäern gegründet. Zuvor war die Gegend bereits über 6000 Jahre lang besiedelt gewesen – hier, zwischen Hügeln und heute ausgetrockneten Flussläufen, lebten die ersten Bauern der Menschheitsgeschichte. Die Nabatäer waren ein Nomadenstamm aus dem Westen Arabiens, die in diesem Ort (den sie „Rakeem" nannten) ihre zukünftige Heimat sahen. Von hier aus kontrollierten sie die Handelsrouten nach Gaza, Damaskus, Akaba und durch die Wüste. In der Blütezeit der Stadt – zu Lebzeiten Jesu – lebten rund 30 000 Menschen in Petra. Ihre geschäftstüchtigen Einwohner entwickelten eine eigene Schrift (ein Vorgänger der arabischen Schrift) und bauten ausgeklügelte Wasserwege und Dämme.

OBEN: Eingang in eines der 500 Gräber, die in den Sandstein von Petra geschlagen wurden.

LINKS: Blick durch die Schlucht auf den kunstvollen Palast Khazne al-Firaun, auch das „Schatzhaus" genannt.

Als die Römer Petra im Jahr 106 n. Chr. eroberten, erkannten auch sie den Wert einer versteckten Stadt. Sie bauten Bäder und Säulengänge und Petra (griechisch für „Fels") wurde eine neue, noch größere Hauptstadt. Im Laufe der Geschichte wurde es wieder still um die Stadt und sie blieb hinter den Felswänden verborgen. Über 500 Jahre lang wusste kaum jemand von ihrer Existenz. Die einheimischen Beduinen bemühten sich, dieses Geheimnis zu bewahren. Erst als 1812 der Schweizer Forschungsreisende Johann Ludwig Burckhardt nach der geheimnisvollen Stadt in den Bergen suchte und sie auch fand, erfuhr man auch in Europa von diesem unglaublichen Schatz.

Heute spürt man in Petra diese unberührte Einsamkeit vergangener Jahrhunderte. Die Stadt ist wie eine Botschaft von einer kaum bekannten Kultur. Den Touristen von heute gefallen die Teebuden, Kamelglocken und Ziegenherden, den Kindern das Fangen spielen zwischen den Felsen, und die Wildblumen. Man kann zum „hohen Opferplatz" hochklettern und ein Picknick machen, wo einst Beduinen in ihren Zelten aus Ziegenleder saßen. An manchen Abenden finden hier Konzerte statt: Klassische arabische Musik bei Laternenschein vor dem Schatzhaus.

Doch die wahre Kraft dieses Ortes, die Geist und Sinne belebt, kommt von dem Gefühl, ein geheimnisvolles Wunder zu betreten. Ich war zufällig am ersten Tag des neuen Jahrtausends bei Sonnenaufgang in Petra. Ich wanderte durch die Hohlwege und als ich ins Licht trat, sah ich nur einen einzigen Menschen, einen japanischen Touristen, auf diesem riesigen Gebiet. 2003 fand man unter dem Schatzhaus eine neue Anlage. Petra birgt also noch mehr Geheimnisse. Man geht davon aus, dass 95 Prozent der antiken Stadt noch unentdeckt sind. Sie gehören zu einer Welt, die wir gerade erst erahnen.

RECHTS: Das eindrucksvolle „Urnengrab". Es ist weit oben in den Berg gebaut und über mehrere Treppen erreichbar.

Maschhad, Iran

IMAM-REZA-SCHREIN

Der Schrein des Imam Reza liegt wie ein kostbares Juwel inmitten des islamischen heiligen Bezirks Haram-e-Razavi in Maschhad. Seine türkisblauen Kuppeln, goldenen Minarette und Springbrunnen sind ein irdisches Paradies. Wenn die Schatten länger werden und die Sonne untergeht, erklingt der „Adhan", der islamische Gebetsruf, und verkündet Gottes Größe. Ehrfürchtige Gläubige machen sich auf zum Gebet. Einige barhäuptige Frauen hüllen sich in gemusterte Tschadors, bevor sie eintreten.

Für schiitische Muslime waren die ersten zwölf Imame unfehlbar: perfekte Menschen, die ein religiöses Vorbild für andere waren. Imam Reza war wegen seiner außerordentlichen Gelehrsamkeit und bemerkenswerten Rechtschaf-

fenheit hoch angesehen. Nachdem man ihn zum Kalifen ernannt hatte, wurde er 818 n. Chr. von einem Rivalen vergiftet. Seine Grabstätte ist seit über tausend Jahren ein heiliger Ort für Pilger.

Sieben Innenhöfe sind mit dem Inneren der Moschee über externe Gänge, genannt „Bast", verbunden. Diese „Zufluchtsgänge" führen zu 21 Hallen, die die Grabkammer umgeben. Winzige goldene und silberne Fliesen überziehen die Wände der Hallen und reflektieren und streuen das Licht der Kronleuchter in allen Farben.

In der Mitte des Schreins sind die geometrischen Muster der Wände komplexer. Mosaiksteine formen Muster in Mustern, die ihre Vollendung in der prachtvollen Hauptkam-

mer mit ihren Schnitzereien, Filigranarbeiten aus Gold und ihrem edlen Marmor finden. Die Außenseite der Kuppel über der Grabkammer ist mit Blattgold verkleidet. Direkt darunter befindet sich der „Zarih", ein vergoldeter Käfig, in dem sich Imam Rezas Grab befindet. Der Besuch des Zarih ist die Krönung einer islamischen Pilgerreise. Gläubige drängen sich um ihn und küssen die Abdeckung, um dem achten der zwölf Imame der Schiiten ihre Ehre zu erweisen.

UNTEN: Der Imam-Reza-Schrein wurde im 9. Jahrhundert errichtet und seitdem mehrmals wiederaufgebaut. In ihm liegen die Gebeine des achten Imams der Schiiten. Rund 20 Millionen Pilger kommen jedes Jahr hierher.

LINKS UNTEN: Die prachtvollen Kuppeln und Minarette des Schreins. Unter der goldenen Kuppel befindet sich Imam Rezas Mausoleum mit dem vergoldeten „Zarih", der sein Grab umschließt.

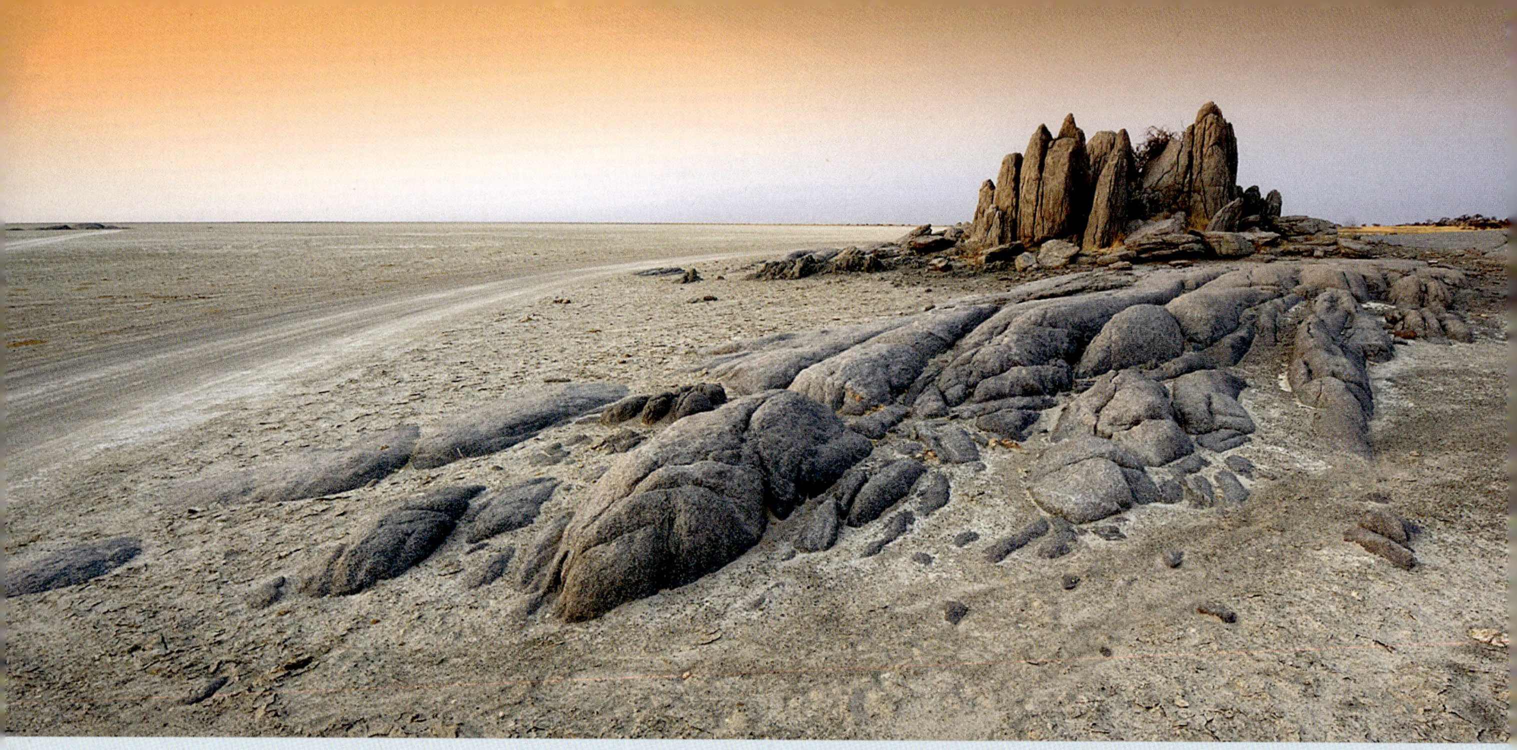

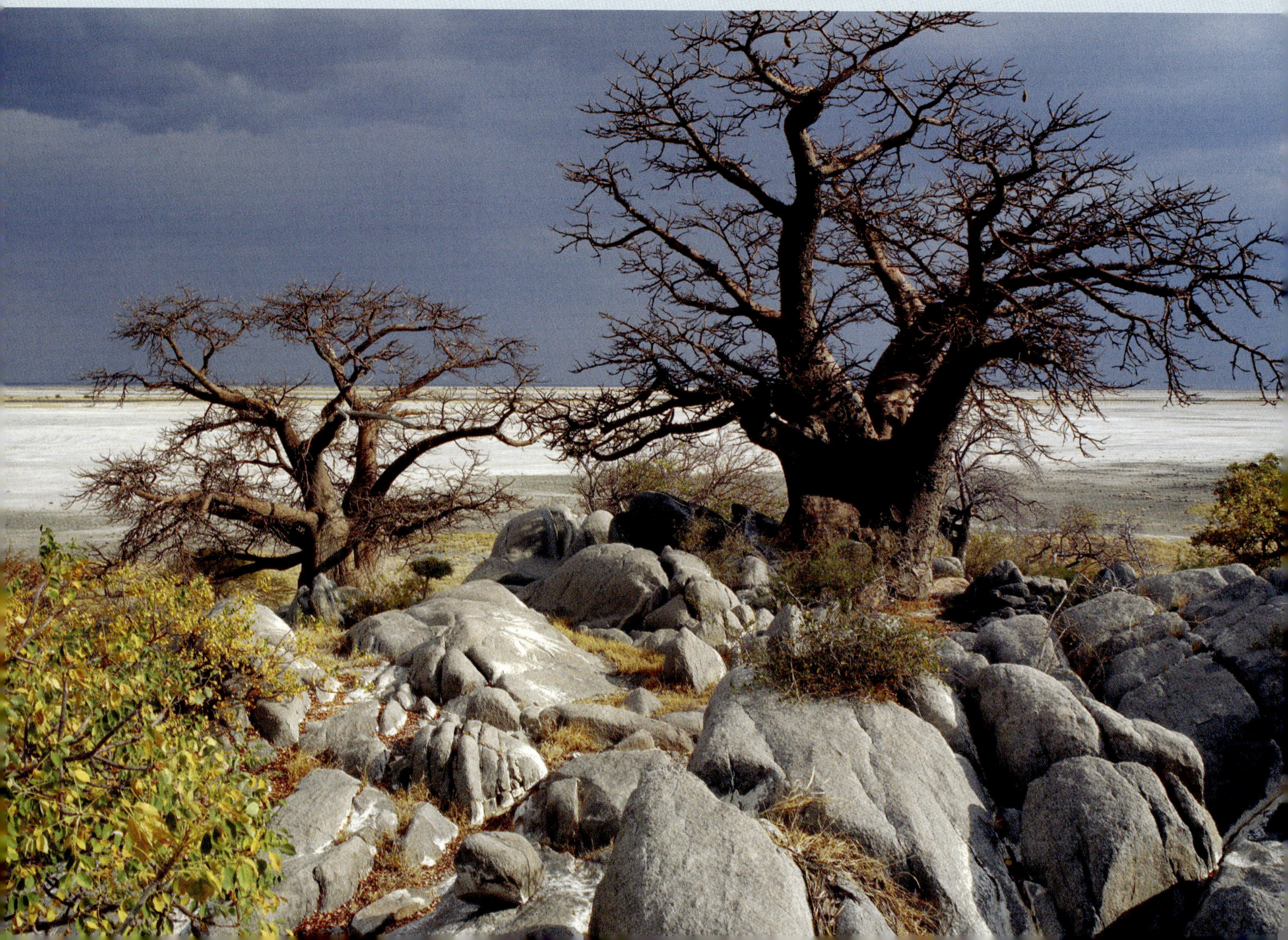

Makgadikgadi, Botsuana

DIE MAKGADIKGADI-SALZPFANNEN

VON ALEXANDER McCALL SMITH

Von der Kostbarkeit unberührter Leere

Die meisten Orte, die für uns von spiritueller Bedeutung sind, erinnern uns an etwas: an uns selbst, an andere Menschen, an unsere Taten. Der berühmte Bodhi-Baum in Bodhgaya beispielsweise (siehe S. 172–173) war ein wichtiger Baum für Buddhisten. Nicht, weil er ein Baum war, sondern weil er der Baum war, unter dem Buddha erleuchtet wurde. Für Christen sind jene Orte von Bedeutung, an denen Heilige eine Eingebung hatten oder Wunder wirkten oder weil die Reliquie eines dieser Heiligen dort aufbewahrt wird. Das alles ist nachvollziehbar. Spiritualität betrifft den Geist des Menschen und vielleicht brauchen wir Dinge, die uns daran erinnern, zu welch großen Taten oder zu welch großem Leid dieser Geist fähig war.

Doch was ist mit Orten an denen es keine – oder nur sehr wenige – Menschen gibt und deren natürliche Schönheit dennoch direkt zu unserer Seele spricht? Es gibt solche Orte, zu denen wir eine tiefe, spirituelle Verbindung spüren. Sie erinnern uns nicht an den menschlichen Geist, sondern verbinden uns mit dem Geist der Erde, unserer Heimat, in die wir letzten Endes alle wieder zurückkehren.

In jedem Land kann man einen – wenn auch oft sehr begrenzten – Platz finden, der von der Geschichte der Menschen gänzlich unberührt ist und an dem wir daher eine Welt sehen können, die unabhängig von den Menschen und ihrer oft zerstörerischen Ader existiert. In Botsuana gibt es viele dieser Plätze, wo nur sehr wenige Menschen leben – oder gar keine. Einer davon ist die Zentral-Kalahari, eine riesige Halbwüste, deren einzige Bewohner die San sind, ein bemerkenswert geschicktes Volk von Jägern und Sammlern.

Doch hier in den Makgadikgadi-Salzpfannen, einer Ebene, die sich über Tausende Quadratkilometer erstreckt, gibt es nichts außer dem Himmel und der weißen, salzigen Erde, umringt von Palmen und spärlicher Savanne.

Was macht das Erlebnis dieses Himmels und dieser Landschaft zu einer so spirituellen Erfahrung? Es ist die Leere. Viele Glaubensrichtungen sprechen vom Streben nach der Leere oder vom Befreien der Seele von Ablenkung und den wachsenden Anforderungen des Alltags. Vergiss dein Ego und deine Sorgen, lege diesen oberflächlichen Ballast ab! Das ist schwierig, wenn rundherum menschliche Hektik tobt. Doch hier in dieser Leere Afrikas sind wir allein in der Welt, wie sie geschaffen wurde, bevor wir Menschen sie unter Maschinen und Beton begruben.

Der Nachthimmel hier ist fast weiß vor lauter Sternbildern, denn kein künstliches Licht stört ihr Strahlen. Ich suche immer das Kreuz des Südens, das tief im Himmel hängt, jenseits des leeren Landes, jenseits der leeren südlichen Meere. Wie klein ich doch bin. Wie klein wir alle sind. Wie klein unsere Sorgen und Nöte. Wie groß und wunderbar die Welt.

LINKS UND FOLGENDE SEITEN:
Die menschenleeren Weiten der Makgadikgadi-Salzpfannen. Dieses Krusten zeugen von einstigen Seen, deren Wasser heute verdunstet ist.

Marrakesch, Marokko

MEDERSA BEN YOUSSEF

Die Medersa Ben Youssef, eine Koranschule aus dem 14. Jahrhundert, wurde um 1560 von den Sultanen der Saadier-Dynastie umgebaut. Das Ergebnis war die größte „Medersa" (oder „Madrasa") westlich von Ägypten. Sie ist auch eine der schönsten: Ihr Neubau erfolgte zur Blütezeit marokkanischer Baukunst.

Im Inneren befindet sich ein großer stiller Arkadenhof mit einem Wasserbecken für rituelle Waschungen. Bis 1960 fand in diesen leisen Räumen Unterricht statt. Theologen (Scheichs) lehrten hier Studenten aus zahlreichen islamischen Ländern Islamwissenschaft und den Koran. Nebenan liegen die Halle, in der die Koranschüler beteten, und die schlichten Schlafräume. Eine friedvolle Stätte für Gebet und innere Einkehr inmitten der lebhaften Stadt, die man aus manchen Fenstern erspähen kann.

Kunstvolle Ornamente schmücken die Medersa. Geometrische und florale Muster sowie Kalligraphien von Korantexten finden sich auf den Mauern, Toren, Bögen und Säulen. Sie sprechen von Allahs grenzenloser Herrlichkeit, Weisheit und Gnade. Am häufigsten entdeckt man die „Basmala", die Eröffnungsformel beinah aller Suren des Koran: „Im Namen Gottes, des Gnädigen, des Barmherzigen". Mosaike („Zellij") im Innenhof leuchten in sattem Grün, Blau und Ocker.

Besonders auffallend sind der achtstrahlige Stern und die achteckige Kuppel der Gebetshalle. Im Islam ist die Acht eine heilige Zahl: Es gibt acht Paradiese und acht Engel tragen Allahs Thron am Jüngsten Tag. Diese Motive haben, wie auch die „Medersa" überhaupt, zwei einfache und doch erhabene Funktionen: Sie preisen Gott und bereichern den Geist des Betrachters.

Isfahan, Iran

SCHEICH-LOTFOLLAH-MOSCHEE

Die Scheich-Lotfollah-Moschee aus dem frühen 17. Jahrhundert liegt an der Ostseite des alten Naqsch-e-Dschahan-Platzes – heute Platz des Imams Khomeini genannt – in Isfahan. Auf diesem perfekt proportionierten, von Arkaden umgebenen Rechteck stehen einige der prachtvollsten Bauten des Iran. Der gewaltige, glänzende, rosafarbene Zwiebelturm der Lotfollah-Moschee bildet einen starken Kontrast zu den einfachen türkisen Kuppeln der benachbarten Moscheen. Auch ihre ebenerdigen Portale sind mit wunderschönen Fayencen geschmückt und die blauen, gelben und weißen Keramikstalaktiten erinnern an Bienenwaben. Doch erst im Inneren zeigt sich die ganze Pracht.

Im Gegensatz zu anderen Moscheen verfügt die Lotfollah-Moschee weder über einen Eingangshof noch über ein Minarett, von dem der Muezzin zum Gebet rufen könnte. Sie wurde nämlich als privates Gotteshaus für ihren Namensgeber, den großen libanesischen Islamgelehrten (und Schwiegersohn des Safawidenkönigs Schah Abbas), errichtet.

Der dunkle Eingangsbereich verrät noch nichts über die atemberaubend schöne Gebetshalle an seinem Ende. Die verfliesten Wände scheinen aufgrund der Fülle an Kalligraphien zu flimmern. Arabische Buchstaben ranken sich zwischen Arabesken und kunstvollen Blumenmustern. Das Mosaik in der Kuppel wirkt im ersten Augenblick wie die Momentaufnahme eines gigantischen, sternhellen Feuerwerks. Während sich die Augen an das Licht gewöhnen, verwandelt sich das Bild in das enorme Gefieder eines Pfaus, prächtig im Glanz der Sonne, die durch die Fenster und ein winziges Loch im Dach der Kuppel leuchtet. Einen sterblichen Erdenbewohner muss dieser Anblick wie ein Funke Gottes erscheinen.

Neu-Delhi, Indien

JAMA MASJID

VON MARK TULLY

Tausend Häupter neigen sich im Gebet zu einem allmächtigen Gott

OBEN UND FOLGENDE SEITEN: Massen von Gläubigen beten vor der Jama Masjid. Sie feiern das Fastenbrechen, das Ende des Ramadans.

RECHTS: Morgengebet in der Gebetshalle der Moschee.

Im 17. Jahrhundert ließ der Großmogul Shah Jahan die Jama Masjid („Freitagsmoschee") auf einer Anhöhe zehn Meter über Delhi errichten. Sie sollte seine Hauptstadt überragen. Auch heute noch ist sie ein imposantes Bauwerk der Altstadt Delhis. Ihre hohen, kannelierten Minarette, die weißen Kuppeln der Gebetshalle und der riesige Innenhof, der Tausenden betenden Gläubigen Platz bietet, verkörperten die spirituelle Grundlage des Mogulreichs, während das ausladende Rote Fort ganz in der Nähe dessen weltliche Macht repräsentierte.

Jeden Freitag drängen sich Tausende muslimische Männer und Knaben mit weißen Gebetsmützen auf den Stufen der Moschee und strömen durch die Eingänge in den Innenhof. Trotz seines enormen Umfangs ist der Hof an wichtigen Festtagen wie dem Ramadan, dem Fest des Fastenbrechens, nicht groß genug für alle Gläubigen, die sich dann draußen in den engen Gassen um die Moschee versammeln. Die Predigt wird vom „Mimbar", der Kanzel, aus gehalten, die aus einem einzigen Marmorblock gemeißelt wurde. Über Lautsprecher ist die Predigt auch außerhalb der Moschee zu hören.

Der Anblick Tausender Muslime, die in der Jama Masjid in Delhi ihr Id-Gebet sprechen, symbolisiert für mich Indiens Bereitschaft zur Glaubensfreiheit für jeden Bürger. Diese Bereitschaft ist auf der Überzeugung begründet, dass viele Wege zu Gott führen und es daher auch viele Arten der Gottesverehrung geben kann. Diese Ansicht ermöglichte es fast allen großen Religionen der Welt, in Indien Fuß zu fassen. Die vielen Glaubensrichtungen des Hinduismus, die im Laufe der Jahrhunderte entstanden, machen ihn sogar zu mehr als nur „einer" Religion. Die Christen glauben, dass ihre Religion ursprünglich in Indien gegründet wurde, und zwar vom ungläubigen Apostel Thomas. Und Muslime wissen, dass

arabische Händler den islamischen Glauben schon in seinen Anfangstagen nach Indien brachten.

Wenn ich die Gläubigen in der Jama Masjid sehe, in Reih und Glied wie ein Soldatentrupp, Tausende Häupter vor Gottes Allmacht zu Boden geneigt, staune ich über die Kraft des Rituals. Hier wird der allmächtige Gott, der geheimnisvolle, gnadenvolle Gott verehrt, der die Schicksale der Menschen leitet.

Die Gebete werden auf Arabisch gesprochen, der Sprache des Islam. Millionen Muslime beten täglich in derselben Sprache und wenden sich dabei der Wiege ihres Glaubens, der heiligen Stadt Mekka, zu. In meinen Augen beten die Gläubigen in der Jama Masjid zu einem universellen und nicht zu einem persönlichen Gott. Anders als die modernen Individualisten, für die Spiritualität und ein persönliches Verhältnis zu Gott so wichtig sind, gehören die Muslime in der Jama Masjid der weltweiten Islamgemeinde an. Spiritualität lässt Gott oft zu klein erscheinen. Das Geheimnis des Glaubens ist jedoch, dass Gott klein genug ist, um jeden von uns zu beachten. Gleichzeitig ist er so groß, dass er allmächtig und allgegenwärtig ist. Jeder einzelne Gläubige, der in der Jama Masjid in Delhi sein ganz persönliches Gebet spricht, wird in jenem Moment der ganzen Größe Gottes gewahr.

Paro, Bhutan

KLOSTER TAKTSANG

OBEN: Bild eines Buddhas im Kloster Taktsang.

LINKS: Die Klostergebäude in der Felswand über dem Paro-Tal. Es heißt, dass hier im 8. Jahrhundert der Guru Rinpoche drei Monate lang meditiert habe.

Das Kloster Taktsang (auch Taktshang) ist als das „Tigernest" Bhutans bekannt. Es liegt auf rund 3000 Metern Seehöhe, auf einem Felsvorsprung in den Ausläufern des Himalaya-Gebirges. Auf seinen schlichten, weißgestrichenen Mauern ruhen traditionelle Flachdächer. Die Fenster sind mit kunstvollen Schnitzereien verziert. Dieses Kloster aus dem 16. Jahrhundert wurde an dem Ort errichtet, an dem der Buddhismus nach Bhutan gekommen sein soll.

Der Legende nach kam im 8. Jahrhundert Guru Rinpoche (auch Padmasambhava genannt) auf dem Rücken einer fliegenden Tigerin hierher. Er verbreitete den Buddhismus in Bhutan und Tibet und wird darum auch als „zweiter Buddha" bezeichnet. Drei Monate lang meditierte er hier in einer Höhle. Man sagte ihm magische Kräfte nach, und dass die Tigerin in Wirklichkeit seine Gefährtin Yeshe Tsogyal sei, die er verwandelt habe (daher auch der Name „Tigernest"). Fast tausend Jahre später, im Jahr 1692, erbaute man das Kloster zu seinem Andenken.

Taktsang liegt am Ende eines einsamen Bergpfades. Man kann es nur zu Fuß oder auf Maultieren erreichen. Oft ist das Kloster in Nebel gehüllt und ein Pilger sieht sein Ziel erst in der letzten Kurve des eng gewundenen Weges. Dieser führt über mehrere Steintreppen durch das Tal und über eine Brücke vor einem Wasserfall, bis er zuletzt in einen steilen Anstieg übergeht. Bunte Schnüre mit Gebetsfahnen sind über die Felsen gespannt und flattern im Wind. Zwischendurch schallt immer wieder eine Glocke durch das Tal. Manchmal spenden die Mönche den Reisenden Segen, bevor diese wieder in den Nebel hinabsteigen.

Taktsang lag nach seiner Fertigstellung über 300 Jahre lang unverändert inmitten der stillen Wolkenlandschaft. Doch 1998 wurde das Kloster bei einem verheerenden Brand fast vollständig zerstört. Der Wiederaufbau dauerte rund sieben Jahre und man orientierte sich dabei an alten Zeichnungen und Fotos. Finanziert wurde das neue Kloster von der Regierung Bhutans und das Ergebnis war alle Mühen wert.

Provinz Ayutthaya, Thailand

AYUTTHAYA

Von 1351 bis 1767 war Ayutthaya Hauptstadt des thailändischen Königreiches, bis es im Krieg gegen die Burmesen zerstört wurde. Es wurde von König Ramathibodi I. (1314–1396) gegründet und nach der historischen indischen Stadt Ayodhya benannt, die als Geburtsort des Hindugottes Rama gilt, denn der König galt als dessen Reinkarnation. Ayutthaya wurde Königssitz als der Buddhismus Staatsreligion wurde. Die heutigen Überreste sind also die einer buddhistischen Stadt.

Zu seiner Blütezeit im 17. Jahrhundert hatte Ayutthaya rund eine Million Einwohner. Heute sieht man noch die Brandmale, die an die Plünderung im Jahre 1767 erinnern – und an das verhängnisvolle Feuer, das hier wütete. Paläste, Häuser und andere Holzbauten stehen nicht mehr. Doch viele Tempel und Klöster aus Stein haben ihre Würde bewahrt und die beschädigten Buddhastatuen und Reliefs zeugen von der einstigen Schönheit der Stadt. Balustraden, deren fein gemeißelter Stein gedrechseltem Holz ähnelt, vermitteln einen

Eindruck, wie die Holzbauten ausgesehen haben mögen. Stuckierte Ziegelfriese zeigen den Einfluss der Khmer, doch hier entstanden auch einzigartige thailändische Stile: Viele buddhistische Reliquientürme („Stupas" oder „Chedis") weisen die typisch thailändische Glocken- oder Lotosknospenform auf.

Der Tempel Wat Chai Wattanaram ist eine der eindrucksvollsten heiligen Stätten Ayutthayas. Der tyrannische König Prasat Thong gründete ihn 1629 als Gedenkstätte für seine Mutter und als Ausdruck seiner Macht. Die Anlage ist eine

UNTEN LINKS: Die Anlage Wat Chai Wattanaram in Ayutthaya wurde im 17. Jahrhundert von König Prasat Thong erbaut. Ihr Name bedeutet „Tempel der langen Herrschaft und ruhmreichen Zeit".

UNTEN: Statue eines meditierenden Buddhas vor der Tempelanlage.

künstlerische Darstellung des Universums. Der hohe, maiskolbenförmige Turm („Prang") im Stil der Khmer verkörpert den mystischen Berg Meru, der das Zentrum des Universums darstellt (siehe S. 165). Andere Prangs stehen an den Ecken des Tempels über Kapellen, in denen meditierende Buddhas gelassen inmitten rußgeschwärzter Mauern sitzen.

OBEN: Der Kopf eines Buddhas ragt aus den Wurzeln eines Bodhi-Baumes in einem der ältesten Tempel Ayutthayas, Wat Phra Mahathat.

LINKS: Ein Mönch betet vor dem riesigen ruhenden Buddha bei Wat Lokaya Sutha.

Rajasthan, Indien

TEMPEL VON RANAKPUR

Dieser wunderschöne Jaina-Tempel aus dem 5. Jahrhundert steht in Ranakpur, mitten im Aravalli-Gebirge, zwischen Udaipur und Jodhpur. Er ist aus weißem Marmor gefertigt und von üppigen Wäldern umgeben. Seine „Chaumukha" („vier Gesichter") blicken in alle Himmelsrichtungen. Der prachtvolle Bau mit seinen reich verzierten Kuppeln und Türmen aus grauem Marmor steht auf großen, robusten Steinplatten.

Im Inneren ruht das Dach auf 1444 kunstvoll verzierten Säulen. Das sanfte Licht, das durch den Marmor hereinfällt, erscheint je nach Tageszeit silbern oder golden. Farbe bringen hier nur die roten und safrangelben Roben der Mönche und Pilger herein, die hier im Licht und Schatten der Säulen beten und wandeln.

Im 5. Jahrhundert wollte der jainistische Geschäftsmann Dharna Sah einen prunkvollen Tempel zu Ehren Rishabhadens, des ersten Erleuchteten („Tirthankara") und Gründers des Jainismus, erbauen. Dharna Sah bat den Herrscher Rana Kumbha um Land für den Bau. Der König kam der Bitte nach und zum Dank dafür wurde der Tempel „Ranakpur" genannt.

So entstand eines der harmonischsten religiösen Bauwerke Indiens, das auch heute noch genutzt wird. Besucher sind willkommen, doch es darf kein Leder (das gilt auch für Schuhe) in den Tempel gebracht werden, gemäß des jainistischen Grundsatzes der „Ahimsa" (Gewaltlosigkeit). Spaziert man durch den Tempel, vorbei an den zierlichen Marmorschnitzereien und betenden Mönchen, wird man von der Hingabe und Handwerkskunst dieser vielen Menschen erfüllt.

RECHTS: Einige der 1444 einzigartig verzierten Marmorsäulen im Tempel von Ranakpur. Im 5. Jahrhundert ließ ihn der Geschäftsmann Dharna Sah nach einer göttlichen Vision errichten.

Kyoto, Japan

DER ZEN-GARTEN IM TEMPEL RYOAN-JI

VON PICO IYER

Ein Rätsel aus Sand und Stein

In einem kompakten Meer aus Sand liegen 15 Steine. Sie symbolisieren die Inseln Japans, die im Meer der Zeit treiben. Nein, sie symbolisieren eine Tigerin, die mit ihren Jungen einen Fluss überquert. Weit gefehlt: Es sind Berggipfel, die über die Wolken ragen. Mystische Orte werfen meist mehr Fragen auf, als sie beantworten. Sie halten uns den Spiegel vor, in dem wir dann, recht oft, uns selbst erkennen. Der besondere Zauber des berühmtesten Steingartens der Welt liegt zum Teil darin, dass man von keiner Stelle aus alle 15 Steine sehen kann. So bleibt ein Stück der Wahrheit – oder des Rätsels – für immer verborgen.

Kyoto war über 1000 Jahre lang (von 794 bis 1868) Japans Hauptstadt. Bei einem Besuch der Stadt erfährt man, dass hier mehr als 1600 Tempel, 400 Schreine und drei Kaiservillen über die umliegenden Berge und Gassen der Innenstadt verteilt sind. Es gibt 17 Welterbestätten sowie Steingärten, Spaziergärten, Palastgärten, ja sogar Moosgärten mit 130 verschiedenen Moosarten. Neben Teichen stehen goldene Pavillons und die Fußböden einer alten Burg erzeugen ein Geräusch ähnlich dem Gesang einer Nachtigall. In jeder Ecke sieht man Zen-Tempel, bunte Shinto-Schreine, Grabstätten und kleine Glücksbringer. Die ganze Stadt ist ein Schrein japanischer Kultur.

Doch der größte all dieser Schätze liegt, da sind sich die meisten Besucher einig, im Nordwesten: in der simplen, rätselhaften, abstrakten Anordnung der 15 Steine im Ryoan-ji („Tempel des friedvollen Drachen"). Bereits im 15. Jahrhundert wurden sie hier arrangiert, möglicherweise durch den Zen-Künstler Soami, und sie gelten als die Krönung der „Karesan-sui", der Gestaltung von Trockengärten. Der Tempel selbst gehört der Rinzai-Zen-Schule an und war einst im Familienbesitz der Herrscherfamilie Fujiwara. In ihm befinden sich sieben Kaisergräber und ein kleines Steinbecken mit der Inschrift: „Was du hast, ist was du brauchst." Wenn man auf der langen Holzveranda vor der Halle des Abtes sitzt und auf den Kies hinunterblickt – kein Wasser, keine Bäume, nur das Moos auf den Steinen der fein geharkten Kiesfläche (23 mal 9 Meter groß) – sieht man das Unsichtbare genauso wie das Greifbare.

Ich lebe seit über 22 Jahren in Kyoto. Bei meinem letzten Besuch des Ryoan-ji-Tempels bemerkte ich zum ersten Mal die wunderschönen Parks und ausgefallenen Gärten außerhalb der Tempelanlage. Die Bäume leuchteten rot, gold und gelb vor dem klaren, blauen Novemberhimmel. An einem See steht ein Teehaus, über dessen Eingang „Wolkengarten" geschrieben steht. Und hinter den Mauern des Zen-Gartens lugen Zedern, Kiefern und Kirschbäume hervor.

Doch mein Geist und meine Füße tragen mich immer wieder zu dieser zeitlosen, unregelmäßigen Anordnung von grauen Steinen. Vielleicht symbolisieren sie das Schriftzeichen für „Herz" oder „Geist". Vielleicht sprechen sie aus, was der Geist oder das Herz nicht verstehen. Vielleicht schärfen sie auch nur unsere Aufmerksamkeit und erinnern uns daran, dass alles, was wir haben, wirklich alles ist, was wir brauchen.

LINKS OBEN: Gärten und Weg vor dem Ryoan-ji-Tempel.

LINKS UND FOLGENDE SEITEN: Der Zen-Garten von Ryoan-ji besteht seit dem 15. Jahrhundert. 15 Steine liegen in einem Rechteck aus Kies, das jeden Tag geharkt wird.

Sri Pada, Sri Lanka

HEILIGER FUSSABDRUCK

Aus einem Band aus tiefgrünen Wäldern erhebt sich der Sri Pada in der zentralen Hochebene Sri Lankas. Sein markanter, pyramidenförmiger Felsgipfel ist der einzige Berg dieser Höhe in der Umgebung. Selbst aus der Ferne spüren jedes Jahr Tausende Pilger die mystische Aura der seit Langem heiligsten Stätte der Insel.

Es ist ein Abdruck im Stein des flachen Gipfels. Er ist 1,6 mal 0,75 Meter groß und wird von den Anhängern aller großen Religionen in der Region als heilig verehrt. Für die meisten Buddhisten in Sri Lanka gilt er als der Fußabdruck Buddhas. Für hinduistische Tamilen ist es der Abdruck des Gottes Shiva. Christen schreiben ihn dem heiligen Thomas zu und Muslime Adam, dem ersten Menschen. Mittlerweile ist der Abdruck in einem eigenen Schrein untergebracht.

Der Fußabdruck hat den Gipfel zu einer heiligen Stätte gemacht, doch für die meisten der unzähligen Besucher ist der Berg die Hauptattraktion. Sie wandern spät nachts die drei Kilometer zum Gipfel hinauf, im Schein elektrischer Lampen, die nach dem Zweiten Weltkrieg hier aufgestellt wurden. Dann verharren sie gespannt im Dunkel, in Erwartung der aufgehenden Sonne am Horizont, um die ersten Lichtstrahlen genießen. Dann eilen sie auf die andere Seite des Gipfels, um den außergewöhnlichen, dreieckigen Schatten des Berges auf den nebligen Hügeln im Westen zu bestaunen. Es ist ein perfektes gleichschenkliges Schattendreieck – wie von der Hand eines göttlichen Mathematikers gezeichnet.

RECHTS: Sri Pada mit Maskeliya-See im Vordergrund. Jedes Jahr besteigen Tausende Pilger den Berg, um sich den Sonnenaufgang und den heiligen Fußabdruck anzusehen. Je nach Religion wird der Abdruck als von Buddha, Shiva, dem Hl. Thomas oder Adam hinterlassen interpretiert.

Rangun, Myanmar

SHWEDAGON-PAGODE

Wie ein großes, goldenes Raumschiff scheint die Shwedagon-Pagode über den Parks von Rangun, der größten Stadt Myanmars, zu schweben. Man betritt sie über steile Steintreppen. Die Statuen zweier riesiger mythischer Löwen („Chinthe") flankieren den Eingang. Der Weg hinauf ist von Verkaufsständen gesäumt, an denen man Räucherstäbchen, Gebetsfahnen und kleine Buddhas kaufen kann. Oben angekommen, werden Besucher vom Glanz des 100 Meter hohen Stupas geblendet. Sein unterer Teil ist mit Blattgold bedeckt und der obere Bereich mit 13 153 Platten aus massivem Gold. Den höchsten Punkt der Spitze krönt ein 76-karätiger Diamant.

Religiös verehrt wird die Stätte jedoch wegen ihrer buddhistischen Heiligtümer. Die heutige Pagode wurde erst 1769, nach einem Erdbeben, errichtet. Einer Legende nach bauten zwei Kaufmannsbrüder den ersten Stupa aber schon vor 2500 Jahren. Der Buddha gab ihnen acht seiner Haare, die sie in einem Schrein in Myanmar verwahren sollten. Als sie die Haare dort ablegten, so sagt man, regneten Edelsteine vom Himmel und die Bäume im Himalaja trugen außerhalb der Erntezeit Früchte.

Damals wie heute wandern barfüßige Pilger im Uhrzeigersinn über die glühend heißen Marmorterrassen, rasten in goldenen Pagodenwäldern und begeben sich für einen astrologischen Rat in einen der Planetenschreine, je nachdem, an welchem Wochentag sie geboren wurden. Begleitet werden sie vom unablässigen Klingeln und Dröhnen kleiner und großer Gebetsglocken, die nur in der Nacht verstummen.

Stolz thront die Shwedagon-Pagode auf ihrem Hügel und bleibt auch weiterhin nicht nur spirituelles Symbol, sondern auch ein Schauplatz politischer Kundgebungen der Burmesen.

Gangdisê-Gebirge, Tibet

KAILASH

Dieser pyramidenförmige Riese des Himalaya ist 6638 Meter hoch und wird von den Anhängern vier verschiedener Religionen verehrt: von Buddhisten, Hindus, Jainas und Anhängern des tibetischen Bön-Glaubens. Er liegt im Südwesten Tibets, nahe der Grenze zu Indien. Das Besteigen des Kailash ist verboten – für Bergsteiger ist er der bedeutendste unbestiegene Gipfel der Welt.

Der Berg hat vielgestalte religiöse Bedeutungen. Die Hindus glauben, dass eine mystifizierte Version von ihm, Berg Meru genannt, der Mittelpunkt des spirituellen Universums ist, wo der Gott Shiva und seine Frau Parvati meditieren. Die Tibeter verbinden ihn mit Guru Rinpoche, der im 8. Jahrhundert n. Chr. dazu beitrug, den Buddhismus als Hauptreligion des Landes zu etablieren (siehe S. 151). In der Bön-Religion war er Austragungsort eines spirituellen Wettkampfes zwischen dem Meister Naro Bonchung und dem buddhistischen Heiligen Milarepa. Und die Jainas glauben, dass Rishabhadeva, der Begründer ihrer Religion, hier das Nirwana erreichte.

Anhänger dieser vier Religionen pilgern regelmäßig zum Kailash, den sie dann auf einem 50 Kilometer langen Pfad umrunden. (Das Besteigen der Hänge gilt als pietätlos und kann zu schlechtem Karma oder sogar zum Tod führen.) Traditionellerweise begehen Hindus und Buddhisten den Pfad im Uhrzeigersinn, Bön-Gläubige und Jainas in umgekehrter Richtung. Manche Pilger legen sich auch mit der Stirn zu Boden und bewegen sich immer nur um eine Körperlänge weiter. Eine harte Prüfung, die mindestens vier Wochen lang dauert.

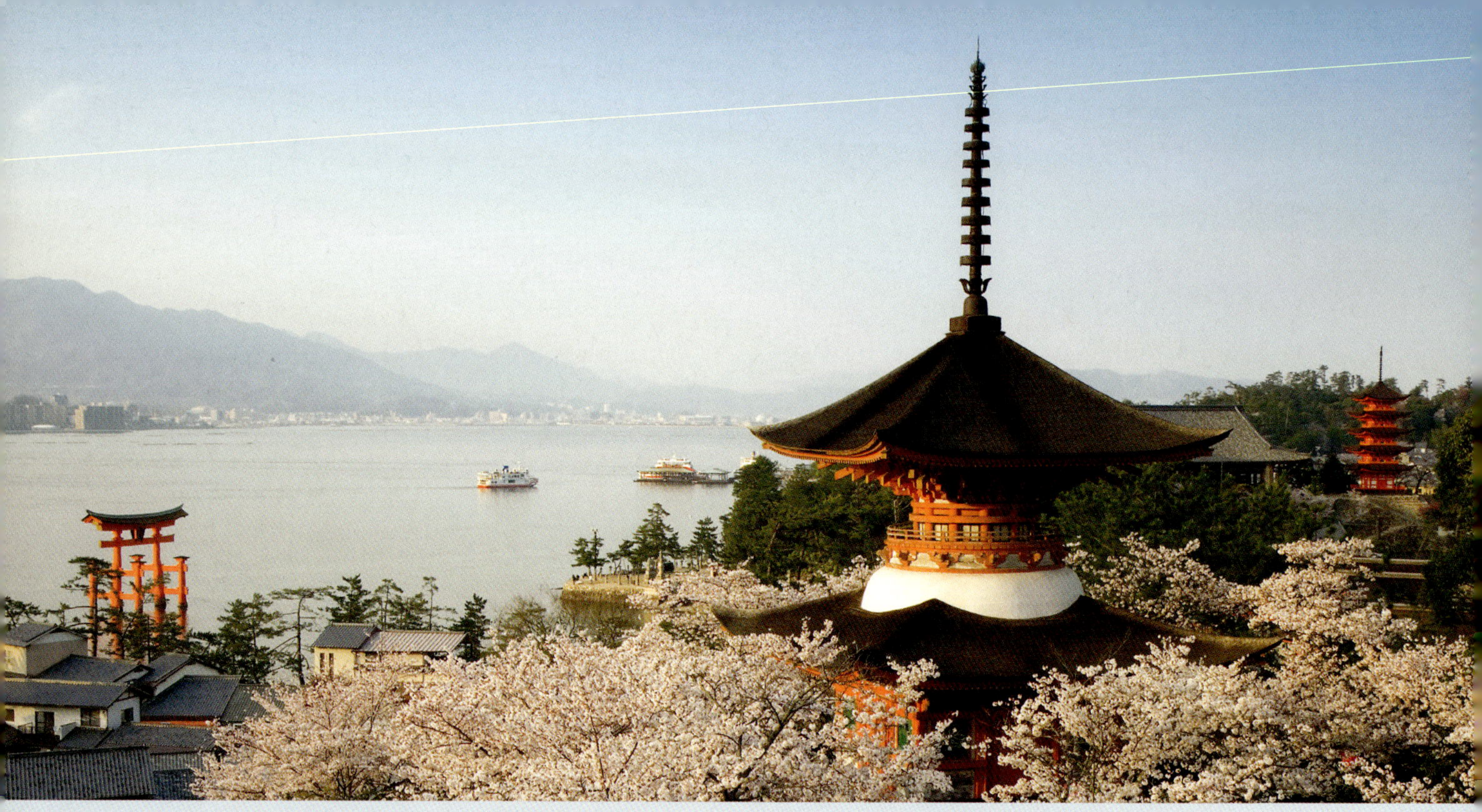

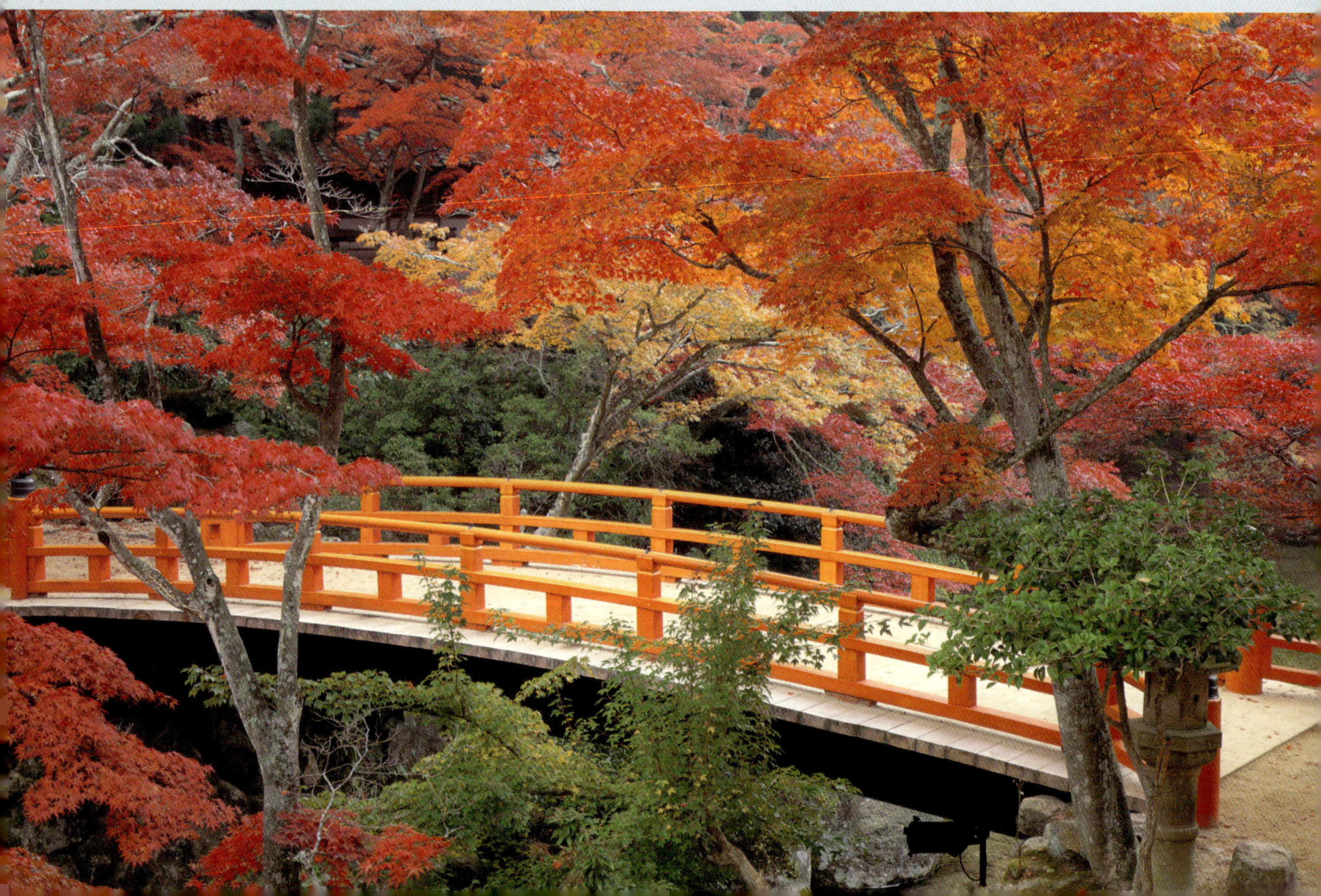

Hatsukaichi, Japan

MIYAJIMA

VON ANDREW MOTION

Botschaften für die Seele

Zehn Minuten von Hiroshimas Hafen entfernt, stehe ich auf der Fähre und blicke zurück auf den kahlen Schädel des Atombombendenkmals, dann wieder nach vorn, Richtung Sonne. Die Insel Itsukushima taucht langsam auf und zeichnet sich deutlich ab. Man nennt sie auch Miyajima, die Schrein-Insel. Sie ist hügelig (mit dichtem Waldwuchs), winzig (31 Quadratkilometer) und dünn besiedelt (2000 Einwohner, ohne Touristen). Am Bootssteg zieht die Fähre zum Abschied einen Schnörkel ins Wasser. Ich bin nun in einer Parallelwelt, die sich mit jedem neuen touristischen Souvenirjäger verändert und doch immer so bleibt wie zuvor – die Bäume und Pflanzen bewusst verwildert, der Schrein verehrt, doch gleichmütig.

Dieser Schrein entstand zur Zeit der Kaiserin Suiko und wurde vom Samurai Taira no Kiyomori in seine heutige Form gebracht. 1555 wurde das Senjo-kaku errichtet, ein weiteres großes Gebäude hoch auf einem Hügel. Ich betrete gebückt das orangefarbene Labyrinth der Tempelanlage. Die vereinte Kraft aus Einfallsreichtum und Naturbelassenheit schärft meine Konzentration. Hier gibt es kein Metall, nicht einmal Nägel. Die Holzlatten der Böden sind von Generationen von Besuchern glatt getreten worden. In den kunstvollen, dunklen Höhlenaltären glitzern handgeschriebene Botschaften in der Meeresbrise. Am Ende des Weges ziehen niedrige Decken und enge Winkel alle Blicke auf den Ozean, ein silbriges Tuch, festgehalten vom „Torii".

Eigentlich ist das „Torii" der Eingang und ich hätte meinen Besuch dort beginnen sollen. Doch ich habe mit Absicht den falschen Weg gewählt. Denn bis ich aus dem Tempel wieder herauskomme, hat die Ebbe eingesetzt und ich kann auf knirschendem Kies diesen ganz besonderen einladenden Ort erreichen. Das Tor ist zehnmal so groß wie ich. Es erscheint mir vertraut und doch ganz fremd. Ein Zeichen

OBEN: Priester auf einem der Stege in der Tempelanlage des Itsukushima-Schreins.

LINKS OBEN: Blick über die Pagoden der Insel Miyajima, bis hin zum berühmten „Torii"-Tor und dem dahinterliegenden Meer.

LINKS: Eine Brücke im Momijidani-Park auf Miyajima, inmitten japanischer Ahornbäume im Herbstlaub.

des Himmels, um uns Menschen zu verblüffen. Ein geheimnisvolles Schriftzeichen, neu ins Alphabet eingeführt. Es ist orange gestrichen, wie der Rest der Anlage, nur viel größer. Zwei gigantische, uralte Baumstämme tragen das gebogene Dach. Ich erfasse sie langsam mit meinen Augen, dann vorsichtig mit meinen Händen. Sie wurden mit Stücken anderer, jüngerer Bäume geflickt und bilden einen großartigen Ausgangspunkt – ein Tor zur Insel und ins eigene Selbst. Und weil das „Torii" der Seele so viele, tiefgründige Botschaften vermittelt, ist es auch ein ermutigender Ort für den Abschied. Ein hoher, scheinbar leerer Raum, den ich voll Bewunderung durchschreite. Ich staune über seine geheimnisvolle Aura und über die Spuren der Menschen: über die Andenken, die frühere Besucher ins uralte Holz gedrückt haben. In meiner Tasche finde ich eine Münze, die sich unversehens in ein Gebet verwandelt, das hierbleibt, und in einen Wunsch, der mich begleitet.

OBEN UND LINKS: Das „Torii"-Tor zum Itsukushima-Schrein. Bei Flut scheint es im Wasser zu treiben, bei Ebbe können Besucher durch das Tor hindurchgehen.

Maharashtra, Indien

HÖHLEN VON ELLORA

Die 34 Höhlen von Ellora liegen rund 30 Kilometer von der Stadt Aurangabad in Westindien entfernt. Zwischen 600 und 1000 n. Chr. wurden sie aus einer Felswand aus Basalt gemeißelt. Die rund zwei Kilometer lange Stätte ist ein bleibendes Denkmal für die Toleranz der drei großen Religionen Indiens: Buddhismus, Jainismus und Hinduismus.

Die meisten der Höhlen besitzen mehrere Kammern, alle aus dem massiven Stein geschlagen. Die zwölf buddhistischen Höhlen entstanden im frühen 7. Jahrhundert. Die meisten sind Versammlungssäle („Chaityas") und mehrstöckige Klöster („Viharas") mit Schlafräumen, Küchen und Schreinkammern. Auch wenn hier schon seit Langem keine Mönche mehr leben, herrscht eine nachdenkliche Stille in den verlassenen Räumen, in denen man sich einst zu Meditation, Unterricht und Gebet traf. In der gedämpften „Chaitya" der Höhle Nr. 10 blickt ein riesiger sitzender Buddha von seinem Thron herab. Die aus Stein gemeißelte Balkendecke über ihm sieht täuschend echt aus. In der Höhle Nr. 6 steht eine Statue der Tara, der Bodhisattva des Mitgefühls, deren Antlitz übermenschliche Güte ausstrahlt.

Die fünf jainistischen Höhlen sind kleiner, aber auch hier finden sich erlesene Reliefs und Skulpturen, wie die Göttin Ambika in Höhle Nr. 34, die auf einem Löwen unter einem Mangobaum sitzt.

Inmitten der 17 hinduistischen Höhlen steht der prachtvolle Kailash-Tempel (Höhle Nr. 16). Er wurde um 700 erbaut und ist dem Gott Shiva geweiht. Die gesamte Anlage aus riesigen Toren, geräumigen Innenhöfen und Sälen, behag-

lichen Schreinräumen und hohen Türmen wurde einst aus einem einzigen, gigantischen Basaltfelsen gemeißelt.

Die Vielzahl der Skulpturen ist erstaunlich und reicht von großen, freistehenden Elefanten bis hin zu detailreichen, dynamischen Friesen, die Shiva, seine Gefährtin Parvati und viele andere Götter zeigen. Ursprünglich waren sie alle bunt bemalt (an manchen finden sich noch Spuren von Farbe), nur der größte Turm war weiß wie der heilige Schnee am Kailash, dem Wohnort Shivas.

UNTEN LINKS: Der Kailash-Tempel in den Höhlen von Ellora. Dieser Hindu-Tempel wurde aus einem einzigen Felsen der Basaltgesteinswand von Maharashtra gemeißelt und ist eine stilisierte Darstellung des heiligen Berges Kailash (siehe S. 165).

UNTEN: Eine der fünf kunstvoll verzierten jainistischen Höhlen in Ellora. Hier finden sich auch zwölf buddhistische und 17 hinduistische Höhlen.

Bihar, Indien

BODHI-BAUM

Es geschah um 500 v. Chr., dass der indische Prinz Siddhartha Gautama dem königlichen Luxus entsagte und sich auf eine spirituelle Reise nach der Ursache des menschlichen Leidens machte. Er rasierte seinen Kopf und kleidete sich wie ein Bettler, dann verließ er seinen Palast im Himalaya. Er lebte zuerst als Einsiedler, dann als Schüler eines Brahmanen. Doch er fand keine Erfüllung und so schloss er sich fünf Asketen an. Sechs Jahre lang entsagte er fast allem und war abgemagert und dem Hungertod nahe, als er sah, dass auch dieser Weg ihn nicht an sein Ziel führte. Er aß ein wenig Reis, webte sich eine einfache Grasmatte und setzte sich zur Meditation unter eine Pappelfeige. Hier wollte er bleiben, bis er die gesuchte Erkenntnis gefunden hatte. Sie kam nach 49 Tagen unter dem Baum. Von da an war er nicht mehr Siddhartha, sondern der „Erwachte" – der Buddha. Den Baum nannte man von nun an „Bodhi-Baum" oder „Baum des Erwachens".

Der Abkömmling des ersten Bodhi-Baumes steht noch heute in Bodhgaya, nahe der Stadt Patna im indischen Bundesstaat Bihar. Der älteste bekannte Baum der Welt zieht Tausende buddhistische Pilger an, die hier jedes Jahr beten und meditieren. Die Stadt Bodhgaya mit seinen vielen buddhistischen Tempeln und Monumenten entstand um den Baum herum. Neben ihm steht seit rund 500 n. Chr. auch der berühmte, 55 Meter hohe Mahabodhi-Tempel, Vorbild für viele andere buddhistische Bauten. Im Altertum wurde der Baum aus Böswilligkeit zwei Mal gefällt, doch jedes Mal wuchs aus dem Stumpf ein neuer Baum. 1876 machte ein Sturm dem uralten, morschen Baum ein Ende. Aus seinen Samen entstand der heutige Baum, ein Symbol für die Ausdauer und Regenerationskraft der buddhistischen Lehre.

RECHTS: Ein buddhistischer Mönch betet vor dem heiligen Bodhi-Baum, unter dem einst Buddha erwacht sein soll.

UNTEN: Buddha-Stauten im Sockel des Mahabodhi-Tempels. Der Bodhi-Baum steht an seiner nordöstlichen Ecke.

Shanxi, China

YUNGANG-GROTTEN

Nicht weit von der heutigen Stadt Datong entfernt erstreckt sich eine schroffe Felswand aus Sandstein entlang des Wuzhou-Flusstales. In ihr befindet sich eines der bemerkenswertesten buddhistischen Monumente der Welt. Um 460 n. Chr. ließ Wen Cheng, Kaiser der Nördlichen Wei-Dynastie, mehr als 250 kunstvoll geschmückte Höhlentempel in die fast einen Kilometer lange Felswand entlang des Flusses bauen. Wen Cheng war entsetzt von der gewaltsamen Buddhistenverfolgung seines Vorgängers und ließ, als mächtiges Zeichen seines Glaubens, die Grotten durch Zehntausende Arbeiter aus dem Fels schlagen.

Viele der Künstler hatten zuvor an ähnlichen buddhistischen Höhlen im Westen Chinas gearbeitet. In Mogao, an der Seidenstraße, schufen sie Bauten im Stil Zentralasiens und Indiens, der Heimat des Buddhismus. Die Yungang-Grotten wurden davon beeinflusst und zeigen chinesisch-buddhistische Kunst wie auch spätere, rein chinesische Stile. Die kaiserliche Unterstützung nahm 494 n. Chr. ein Ende, als der Sitz der Nördlichen Wei-Dynastie Hunderte Kilometer weiter südlich, nach Luoyang, verlegt wurde. Die Künstler und Bildhauer verließen Yungang, um an den Longmen-Grotten nahe der neuen Hauptstadt zu arbeiten. Von da an gehörte Yungang den Mönchen, Pilgern und heute auch den Touristen.

Die aufwändig geformten und bemalten Grotten beinhalten über 50 000 Statuen und Reliefs: von großen, grimmigen buddhistischen Wächtern bis hin zu winzigen Buddhas in filigran verzierten Nischen, die von Lotosblüten, Flammen und geistigen Wesen umrahmt sind. Einige der Nischen ähneln den kunstvollen, aber seit Langem verrotteten Holzfassaden, die einst am Eingang zu den Grotten standen. Einige davon wurden in späteren Jahrhunderten erneuert, doch die meisten Höhlen sind den Elementen ausgesetzt. Auch die Bedrohung durch Sandstürme nimmt durch die Abholzung der Wälder zu. Trotzdem erstrahlen viele der Figuren noch immer in so leuchtenden Farben wie vor 1500 Jahren.

OBEN UND LINKS: Buddhastatuen in den Yungang-Grotten, die im 5. und 6. Jahrhundert in einem Akt kaiserlicher Glaubensdemonstration zu Tausenden entstanden. Die Felsen um die Grotten herum sind zum größten Teil verwittert und die Höhlen sind den Elementen ausgesetzt.

RECHTS: Eine Sufi beim Gebet an der Wand des Nizamuddin-Schreins. Gläubige binden rote Schnüre an das Gitter, um den Heiligen an ihre Gebete zu erinnern.

UNTEN: Qawwali-Musiker spielen religiöse Sufi-Lieder vor dem Grab.

Neu-Delhi, Indien

HAZRAT NIZAMUDDIN DARGAH

VON MARK TULLY

Sufi-Symbol eines universellen Glaubens

Feindschaft zwischen verschiedenen Religionen hat nichts mit dem eigentlichen Glauben zu tun und gießt nur Öl ins Feuer jener, die Religion lauthals ablehnen. Darum habe ich großen Respekt vor dem „Dargah" („Schrein") des Hazrat Nizamuddin Auliya. Dieser Mystiker des 13. Jahrhunderts gehört zu Asiens meistverehrten Sufi-Heiligen.

Der Sufismus ist eine Strömung im Islam, die ihren Anhängern lehrt, ihr inneres Selbst zu verwirklichen. Der heute sehr beliebte Sufi-Dichter Rumi sagte einst: „Der Sufismus ist das Streben des Menschen nach seiner verlorenen Erkenntnis." Diese Erkenntnis hat viel mit der Erkenntnissuche in mystischen Strömungen anderer Religionen gemeinsam. Diese konzentrieren sich darauf, das Göttliche zu erfahren, statt sich in Konfessionen und Moralvorstellungen zu verlieren. Der Sufismus betont die Gemeinsamkeiten, nicht die Unterschiede der Religionen.

Der Schrein des Nizamuddin ist ein Symbol dieser Einheit. In den überfüllten Gassen rund um den Schrein werden traditionelle muslimische Gerichte verkauft: gegrillte Lamm-Kebabs und dampfend heißes Biryani. Es gibt auch alles, was man in einem muslimischen Schrein braucht: rote Rosenblätter, Gebetsmützen, Perlen, Räucherstäbchen und vieles mehr. Doch neben den Muslimen besuchen auch Hindus, Sikhs und Christen den Schrein.

Der Schrein liegt auf einem ummauerten Gelände. Wer zum Beten und für den Segen Nizamuddins kommt, muss erst dem Grab des angesehensten seiner Schüler, Amir Chosrau, seine Ehre erweisen. Das Grab des Nizamuddin selbst wurde im Laufe der Jahrhunderte mehrmals verändert. Den weißen Marmorbau krönt eine weiße Zwiebel-kuppel mit schwarzen Marmorstreifen. Daneben steht eine Moschee aus dem 13. Jahrhundert, aus rotem Sandstein, mit drei flacheren Kuppeln. Eine Veranda aus marmornen Säulen und Bögen mit Blumenintarsien und arabischen Inschriften umgibt das Grab. Besucher, die mit einem bestimmten Wunsch hierherkommen, knüpfen ein Stück rote Schnur an das Gitter an der Wand, um Hazrat Nizamuddin Auliya an das Erbetene zu erinnern. In der Kammer streuen Gläubige rote Rosenblätter auf das grüne Tuch über dem Grab und küssen das davorstehende Geländer. Muslime zitieren den ersten Abschnitt des Korans. Außer während des Ramadan treffen sich hier jeden Donnerstagabend Gläubige aller Religionen (und auch Nichtgläubige) zum Konzert einer Gruppe Qawwali-Musiker, die vor dem Grab Loblieder auf Allah und den Propheten singen. Die Leidenschaft und Freude, die die Qawwali-Gesänge aussenden, sind so überwältigend, dass man sagt, sie haben einst einen großen indischen Sufi-Heiligen vor Begeisterung in Ohnmacht fallen lassen.

Hinter dem Nizamuddin-Schrein steht noch der Schrein des angesehenen Musikers Inayat Khan, einem Sufi-Heiligen des 20. Jahrhunderts. Er sagte einst: „Alle Religionen, die von Jesus und anderen großen Lehrern vermittelt werden, sollen in den Menschen ein Gefühl lebendigen Glaubens wecken." Inayat Khan war der Begründer des „Universellen Gottesdienstes" und wollte damit unterschiedliche Religionen zusammenbringen. Für mich verkörpern die Schreine des Nizamuddin und des Inayat Khan eine Religion, in der ich auch als geborener Anglikaner Teil eines universellen Glaubens bin, der von jenen gelehrt wird, die ihr inneres Selbst erkannt haben.

Quảng Ninh, Vietnam

BUCHT VON HA LONG

Einer vietnamesischen Legende zufolge waren die 1600 Kalksteininseln in der Bucht von Ha Long einst kostbare Juwelen, die ein himmlischer Drache ausspie, um eine Flotte von Invasoren aufzuhalten. Einer anderen Sage nach entstand Ha Long, indem das Tier mit seinem Schwanz Klüfte in die Erde schlug, die sich mit Meerwasser füllten. Und für jeden, der diese prachtvolle Mischung aus glitzerndem blauem Wasser und saftig grün bewachsenen Felsen zum ersten Mal sieht, weiß, dass bei seiner Entstehung göttliche Mächte im Spiel waren.

Jede Insel und jeder Fels hat eine einzigartige Form. Manche sehen wie Tiere aus: Es gibt Inseln in Form eines Elefanten („Voi") und eines Kampfhahns („Ga Choi") sowie Hunde-, Schildkröten- und Krötenfelsen. Auf manchen Inseln gibt es Seen, auf anderen Höhlen und Grotten, wie die eindrucksvolle „Höhle der Holzpfähle" („Hang Dau Go") mit ihren zahlreichen Stalaktiten und Stalagmiten in Form von Tieren und Menschen. Die „Jungfrauenhöhle" („Trinh Nu") war der Legende nach das einsame Gefängnis eines Mädchens, dessen verschuldete Eltern sie an einen reichen Händler verkauft hatten. Da sie sich dem Händler verweigerte, kerkerte er sie auf der Insel ein, wo sie sich vor Liebeskummer nach einem jungen Fischer verzehrte und schließlich zu Stein wurde.

Man sagt, dass der Drache noch heute in den Gewässern von Ha Long lebt. Vor jedem Fischfang bemühen sich die Inselbewohner, von denen viele noch nie auf dem Festland waren, die Götter mit einer Opfergabe gnädig zu stimmen. Die kleine Zeremonie findet in engstem Kreise statt, in einem der ausgehöhlten Schreine, die im Lauf der Jahrhunderte in den Felsen der Inseln entstanden sind.

RECHTS: Einige der 1600 Kalkfelsen in der Bucht von Ha Long. Sie entstanden im Lauf von Millionen Jahren. „Ha Long" bedeutet „herabsteigender Drache". Viele Legenden bringen die Entstehung der Bucht mit diesem Fabelwesen in Verbindung.

Neu-Delhi, Indien

LOTUSTEMPEL DER BAHAI

Im 19. Jahrhundert verkündete der iranische Adelige Baha'u'llah die grundsätzliche Einheit aller Religionen und gründete den Bahaismus. Als im Jahr 1980 wurde der iranische Architekt Fariborz Sahba mit dem Entwurf eines neuen Muttertempels für die Bahai in Indien beauftragt wurde, stellte er sich ein einzigartiges und doch vertraut wirkendes Gebäude vor. Es sollte auffallend modern sein und gleichzeitig Indiens spirituelles und kulturelles Erbe verkörpern. Als einzige Bedingung sollte dieses neue Haus der Andacht gemäß der Bahai-Tradition neunseitig sein. Für die Bahais ist Neun die Zahl der Vollkommenheit und der neunzackige Stern ein verbreitetes Symbol ihres Glaubens.

Schließlich diente die Lotosblume als Vorbild für den neuen Tempel. Sie ist ein Symbol für Schöpfung, Erleuchtung und die reine Seele. Wie eine riesige, aufblühende Blume „wächst" der Lotustempel inmitten gepflegter Gärten. Er ist von neun Wasserbecken umgeben, auf denen er zu schwimmen scheint.

Sein schlichter, stiller Innenraum ist in weiches Sonnenlicht gehüllt, das durch 27 marmorverkleidete „Blütenblätter" dringt. In Bahai-Tempeln ist jeder willkommen, ob gläubig oder nicht. Die neun Eingänge an allen Seiten des Lotustempels symbolisieren Weltoffenheit. Die Bahais glauben, dass wir Gott und die Wahrheit in uns selbst finden und nicht in Dogmen und Bräuchen. Daher gibt es weder Priester, Altäre, Kanzeln oder Heiligenbilder noch vorgeschriebene Rituale. Jeder darf in entspannten, aber würdevollen Zusammenkünften im Tempel beten oder Bahai-Texte lesen. Der Lotustempel vereint Form und Funktion auf ideale Weise. Er ist kein Ort für religiöse Vorschriften, sondern ein Haus der Gemeinschaft für Menschen mit Herz und Verstand.

LINKS: Der auffällige, harmonische Lotustempel symbolisiert Bahai-Tugenden wie Einheit, Toleranz und persönliches Gebet.

RECHTS: Eine Höhle, vermutlich die Behausung eines Mönchs. Sie ist Teil der Ruinen des Arankale-Klosters aus dem 12. Jahrhundert. Über die Geschichte des Klosters ist wenig bekannt, aber der Wald birgt die Überreste vieler Bauten – unter anderem ein Badebecken, Promenaden für meditative Spaziergänge und ein Refektorium.

UNTEN: Die „Jantagara", die Thermalbäder des Klosters

Nordwestprovinz, Sri Lanka

DAS WALDKLOSTER VON ARANKALE

VON MICHAEL ONDAATJE

Jenseits der Leidenschaft

Am Eingang von Arankale führt ein gewundener Sandweg in den Wald. Jeden Morgen fegt ein Mönch diesen Pfad, zwei Stunden lang, und säubert ihn von tausend Blättern. Am späten Nachmittag liegen wieder tausend Blätter und kleine Zweige dort. Doch mittags ist er frei und gelb wie ein Fluss. Allein schon der Gang über diesen sandigen Pfad ist wie eine Meditation.

Der Wald ist so still, man hört keine Geräusche, bis man bewusst nach ihnen lauscht. Dann jedoch kann man die Quellen finden und, wie mit einem Sieb im Wasser, die Rufe der Pirole und Papageien aus der Kulisse herausfiltern. Es heißt: „Nur wer nicht lieben kann, erschafft Orte wie diesen. Man muss sich jenseits der Leidenschaft befinden."

Nach und nach entdeckt man ein Badebecken, die Überreste vieler Stätten und eine Lichtung. Sie ist wie ein „kamatha", ein Dreschkreis in einem Reisfeld, und auf ihr steht ein kleiner Tempel. Auf einem steinernen Sims sitzt eine kleine Buddhastatue. Ein abgeschnittenes Bananenblatt schützt sie vor Hitze und Regen. Hier wird man von dem Wald so umschlossen, dass man sich fühlt wie in einem tiefen, grünen Brunnen. Ein Stück Wellblech einer nahen Höhle, das Sonne und Regen fernhalten soll, klappert und bebt, wenn der Wind durch die Bäume fährt.

König und Mächtige streben nach dem, was ihnen weltliches Gewicht verleiht. Historische Ehre, messbares Eigentum, ihre unumstößlichen Wahrheiten. Doch in Arankale lebten am Ende des 12. Jahrhunderts Ansaga der Weise und seine Anhänger. Jahrzehntelang lebten sie hier allein, unbemerkt vom Rest der Welt. Nach ihrem Tod blieb das Kloster menschenleer. In diesen Jahren bedeckten Blätter die Pfade, das Geräusch des reinigenden Besens war nicht zu vernehmen. Aus den Bädern duftete es nicht mehr nach Safran und Margosa. Vielleicht wurde Arankale noch schöner, noch tiefgründiger durch die Abwesenheit der Menschen, die dieses Bauwerk schufen, als sie nicht mehr den Mächten der Leidenschaften ausgesetzt waren.

Erst vier Jahrhunderte später bezogen wieder Mönche die Höhlen über der Lichtung, wo einst der Tempel gestanden hatte. Es war eine lange Zeit ohne Menschen und ohne Glauben gewesen. Das Wissen um dieses Kloster war aus den Köpfen der Menschen verschwunden und die Stätte war ein verlassenes Meer aus Bäumen. Die Überreste der Holzaltäre wurden von Insektenkolonien vertilgt. Generationen von Pollen verschlickten zunächst das Badebecken und schließlich bedeckte wilder Pflanzenwuchs es zur Gänze. Es war unsichtbar für Reisende, die nicht wussten, welche Tiefen sich hier verbargen, und zugleich Zuflucht für allerlei Getier, das sich auf den warmen Steinen und auf den namenlosen Pflanzen dieser nächtlichen Welt tummelte.

Vierhundert Jahre lang ungehörte, kehlige Vogelrufe. Das Summen einer mittelalterlichen Biene, die sich in die Luft erhebt. Und in der Ruine des Brunnens aus dem 12. Jahrhundert, unter der Spiegelung des Himmels, ein silbernes Zucken im Wasser.

Südkorea

INSEL JEJU-DO

Jeju-do ist eine ovale Felsinsel mit einem erloschenen Vulkan in der Mitte. Sie liegt im glitzernden, türkisfarbenen Meer südlich der koreanischen Halbinsel. Aus ihren von Kratern übersäten Hügeln flossen einst Lavaströme, die hier einige der längsten Lavatunnel der Welt hinterlassen haben.

Die Inselkultur unterscheidet sich stark vom Leben auf Koreas Festland. In Überlieferungen finden sich über 18 000 Götter und es gibt eine Fülle an Tempeln. Einer davon ist der mit lebhaften Farben und Mustern verzierte Tempel von Samyang. Er steht auf einem Hügel und bietet eine atemberaubende Aussicht auf das Meer bis hin zur Hauptstadt Jejusi. Die Dorfbewohner bauen kleine Steintürme („bangsatap"), um sich vor Unglück zu schützen. Und überall auf der Insel findet man Reihen sogenannter „Steingroßväter" („dolhareubang") aus Basalt (unten), die Böses fernhalten sollen.

Der Gotjawal-Wald auf den Hängen des Vulkans Hallasan ist Lebensraum für eine einzigartige Pflanzen- und Tierwelt. Hier soll nach der Chinesischen Mythologie sogar ein Pilz wachsen, der unsterblich macht.

Der Legende nach formte die Schöpfergöttin den Hallasan und die Insel kennzeichnet noch heute eine matriarchalische Kultur. Jeju-do ist die Heimat der „Haenyeo" – der „Seefrauen", die nach Muscheln tauchen und so ihre Familien versorgen. Hin und wieder kann man noch diese lebenden Wahrzeichen der Insel sehen, wie sie ins Meer verschwinden und mit den Händen voller Muscheln wieder auftauchen.

Shaolin, China

PAGODENWALD

In der Nähe des Shaolin-Klosters, am Fuß des Shao-Shi-Berges, liegt ein riesiger buddhistischer Friedhof. Es handelt sich hierbei um den größten Pagodenwald Chinas.

Er liegt mitten in den baumreichen Hügeln der Provinz Henan, auf der Ebene zwischen dem Gelben Fluss und dem Huai-Fluss, und besteht aus rund 250 Stein- und Ziegeltürmen. In jedem von ihnen befindet sich die Asche eines berühmten oder hochrangigen Mönches aus dem nahen Tempel. Der älteste Turm, zerfurcht und windschief, entstand 791 n. Chr., in der Zeit der Tang-Dynastie. Andere wurden in den letzten Jahrhunderten bis zur heutigen Zeit hinzugefügt. Eine Pagode aus dem Jahr 2002 zeigt sogar Bilder eines Autos, einer Kamera und eines Laptops – Besitztümer des Mönchs.

Die verwitterten Bauten sehen zufällig platziert aus, doch manche ihrer Merkmale folgen genauen Regeln. So hat jede Pagode eine ungerade Zahl an Stockwerken (eines, drei, fünf oder sieben). Die Anzahl hängt von den Errungenschaften des betreffenden Mönchs ab.

Ganz in der Mitte steht die berühmte Yugong-Pagode. Ihre sieben Etagen wurden im 14. Jahrhundert gebaut, zum Gedenken an den Mönch Fu Yu. Der Kaiser der Yuan-Dynastie hatte ihm den Herzogstitel verliehen, eine Ehre, die sonst keinem der Shaolin-Mönche je zuteil wurde.

Die Yugong-Pagode ist sechseckig. Andere sind quadratisch, zylindrisch, kegelförmig, monolithisch oder sogar vasenförmig – je nachdem, in welcher Zeit sie entstanden. Die meisten sind aus Stein oder Ziegel und viele sind mit kalligraphischen Zeichen verziert. Sie geben wertvolle Hinweise auf die Entwicklung des Kunsthandwerks in China.

Doch jedes Monument ist ein Denkmal für einen Menschen und der wachsende Wald zeugt von den vielen Leben, die hier dem Glauben gewidmet waren.

Präfektur Lhasa, Tibet

LHASA

VON PAUL THEROUX

Stadt der Pilger und Gebetsmühlen, inmitten schneebedeckter Gipfel

Auf einer Hochebene, umringt von hohen Bergen, liegt die kleine, freundliche Stadt Lhasa. Es gibt hier kaum Verkehr. Es gibt keine Gehsteige. Die Menschen gehen auf den Straßen. Niemand rennt. Die Straßen hier liegen auf rund 3600 Metern Seehöhe. Man hört Kinder schreien, Hunde bellen und Glocken läuten. Es ist ein ruhiger Ort. Von jeder Straße aus sieht man die gewaltigen Berge Tibets.

Lhasa ist ein heiliger Ort, daher gibt es viele Pilger. Sie kauern und knien hier überall und wandern im Uhrzeigersinn um die Schreine. Sie legen sich auf Treppenabsätze vor dem Jokhang und rund um den Potala-Palast. Sie sind auf den Straßen, am Flussufer und auf den Hängen der Hügel. Sie beten und werfen sich zu Boden. Sie verstreuen Gerste und winzige Ein-„Jiao"-Scheine vor den Schreinen und füllen ihre Lampen mit klumpiger Yakbutter. Als tibetische Buddhisten sind sie gut gelaunt und weil sie aus allen Teilen

Tibets kommen, trifft man sich in Lhasa. Sie bereichern die Stadt und füllen die Märkte mit Leben. Sie sind hier, weil sie den Dalai Lama verehren, der die Inkarnation des „Bodhisattva" Avalokitesvara ist, die Verkörperung des Mitleids. Die Pilger machen Lhasa zu einer Stadt voller Besucher, die keine Fremden sind. Darum fühlen sich hier auch Außenstehende gleich heimisch. Das Chaos, der Schmutz und die schellenden Glocken wirken einladend.

Als ich den Jokhang, den heiligsten Ort Tibets, besuchte, ging gerade das fünfzehntägige tibetische Neujahrsfest zu Ende. Gefeiert wird hier fromm, aber leidenschaftlich. Über tausend Mönche hatten sich zum Mantrasingen versammelt. Alte und junge, manche noch fast Kinder. Einige waren Frauen mit rasierten Köpfen, gekleidet wie die Männer, sodass man sie kaum unterscheiden konnte. Ich sah von einem Balkon aus zu, von dem Tibeter kleine Zettel mit Mantras zu den Mönchen hinunterwarfen, die sie dann wiederum auf Haufen zusammenlegten. Tibetische Pilger drängten sich im Jokhang, murmelten Gebete, warfen sich zu Boden und begafften die Mönche. Im Halbdunkel der Gänge glitzerten ihre Augen und die Pilger wirkten wie Touristen, mit ihren neugierigen Blicken und ihrem unverhohlenen Staunen. Als hätten sie über den singenden Mönchen und Düften und herabhängenden „Thangka"-Wandteppichen ganz aufs Beten vergessen.

Während dieser Zeit waren in ganz Lhasa die Gebetsmühlen in Bewegung. Die Pilger trotteten im Uhrzeigersinn um die Walzen und drehten sie dabei – oft sehr schnell, denn die einzelnen Gebete der Mühlen (im Inneren befindet sich ein aufgeschriebenes Mantra) gelten als weniger wirkungsvoll als ein gesprochenes Gebet. Manche Walzen haben die Größe von Öltonnen und sind schwer zu bewegen, andere sind kleine Fässchen, in denen man beim Drehen die Mantras herumflattern hört. Alle waren mit dem

OBEN: Der Potala-Palast vom Jokhang aus gesehen. Einst war er der Hauptsitz des Dalai Lama.

LINKS: Ein Mönch spielt auf einer zeremoniellen Trompete („Dung"), während andere singen und beten. Der Jokhang gilt als die heiligste Stätte in ganz Tibet.

GANZ LINKS: Gebetsmühlen mit dem eingravierten Mantra „Om Mani Padme Hum". Das Drehen der Walze, für gewöhnlich im Uhrzeigersinn, soll eine ähnliche Wirkung wie ein gesprochenes Gebet haben.

wirkungsvollen Mantra „Om Mani Padme Hum" in Tibetisch oder Sanskrit verziert. Das „Om" ist der kraftvollste und mystischste Teil jedes Mantras, eine Mischung aus drei Sanskrit-Lauten, die die Dreieinigkeit des Universums ausdrücken. Diese Gebete werden als extrem heilig angesehen und sie aufzuschreiben oder in Stein zu meißeln (das heilige „Om" sieht man oft in Felswänden) gilt als frommere Handlung als das Aufstellen von Statuen.

Einer der ersten europäischen Forschungsreisenden in Tibet brach beim Anblick eines wunderschönen, schneebedeckten Berges in Tränen aus. Solch eine starke Reaktion erscheint mir einleuchtend. Die Landschaft hier ist mehr als ergreifend – sie ist verzaubert: das Licht, die Luft, die Leere, die Ebenen und die Berge. Graue Felsen und steile Hänge umschließen Lhasa und an so manchem Morgen sah ich sie weiß bedeckt nach einem nächtlichen Schneegestöber. Für die Tibeter verkörpert der Schnee Heiligkeit und Reinheit. Sie fühlen sich oft wie auf dünnem Eis und dieses Symbol der Unschuld erinnert sie daran, dass sie immer noch frei sind: Die verschneiten Berge beweisen die Existenz Gottes. Als ich Tibet verließ, blickte ich zu den Bergen hoch, faltete meine Hände und sprach ein spontanes, unbeholfenes Gebet: Bitte lass mich hierher zurückkehren.

LINKS: Gebetsfahnen wehen in der Morgendämmerung. Im Hintergrund sieht man das Dach des Jokhang-Tempels.

Angkor, Kambodscha

ANGKOR WAT

Über 600 Jahre lang war Angkor der Sitz des Khmer-König-reiches. Seine buddhistischen und hinduistischen Herrscher schufen außergewöhnliche Monumente, die ihren Glauben an einen von Göttern geführten Kosmos bezeugten, in dem sie als „Gottkönige" („Devarajas") eine wichtige Rolle spielten. Eines dieser heiligen Monumente ist der Tempel von Angkor Wat, vermutlich der eindrucksvollste Hindu-Tempel außerhalb Indiens.

Angkor Wat entstand zur Zeit Suryavarmans II. (1113-1150) und war dem Gott Shiva, dem Bewahrer der kosmischen Ordnung, geweiht. Daher baute man den Tempel als dreidimensionale Darstellung des Universums. Der Tempel steht inmitten eines rituellen Reinigungsbeckens (ein Symbol für die Urgewässer) auf einer künstlich angelegten Insel. Die Insel ist rechteckig, wie die Erde in der Hindu-Kosmologie. Die fünf maiskolbenförmigen „Prangs" (Türme) verkörpern die Berge der Götter. Den großen Hauptturm durften einst nur Priester und Könige betreten. Er steht für den Berg Meru, den Wohnsitz Shivas und das Zentrum des spirituellen Universums (siehe S. 165). Angkor Wat blickt nach Westen, was für Hindu-Tempel ungewöhnlich ist. Doch wer die Anlage am Mittsommermorgen besucht, sieht die Sonne über der Spitze des Hauptturmes aufgehen. Es scheint kein Zufall zu sein, dass der Name des „Devaraja" Suryavarman „Beschützer der Sonne" bedeutet.

Die gigantische Tempelanlage birgt auch viele prachtvolle Details. Zu ihnen zählt auch das längste zusammenhängende Steinrelief der Welt. Seine anschaulichen Bilder dienten der Erbauung der Gläubigen und zeigen Götter und andere Figuren des hinduistischen Schöpfungsmythos.

Man erreicht Angkor Wat über eine 200 Meter lange, über Wasser gespannte Brücke. Wie für die Gläubigen von einst, schafft diese konkrete Trennung von der Welt des Alltags auch für heutige Besucher den Eindruck, sich auf eine heilige Pilgerreise in das Reich der Götter zu begeben.

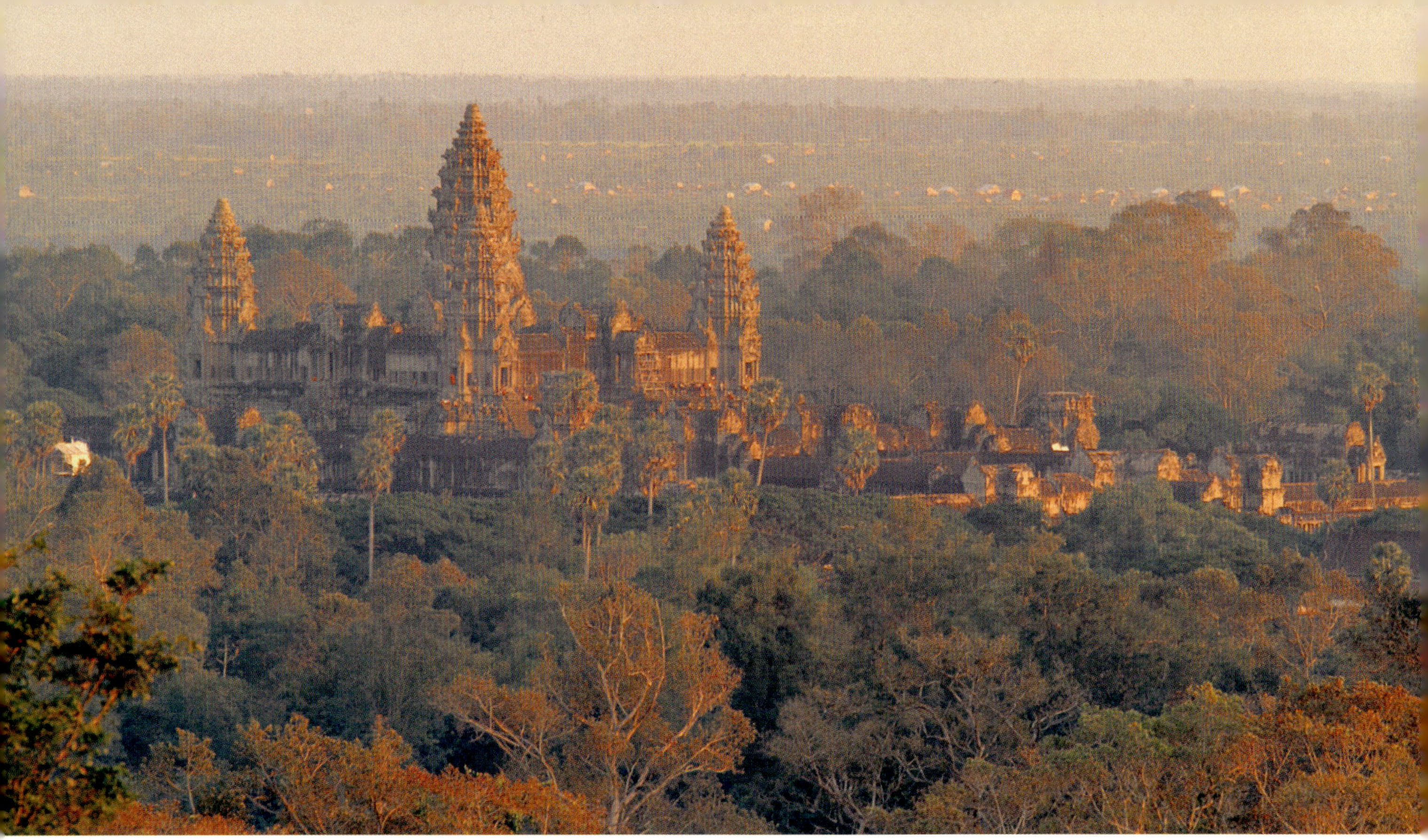

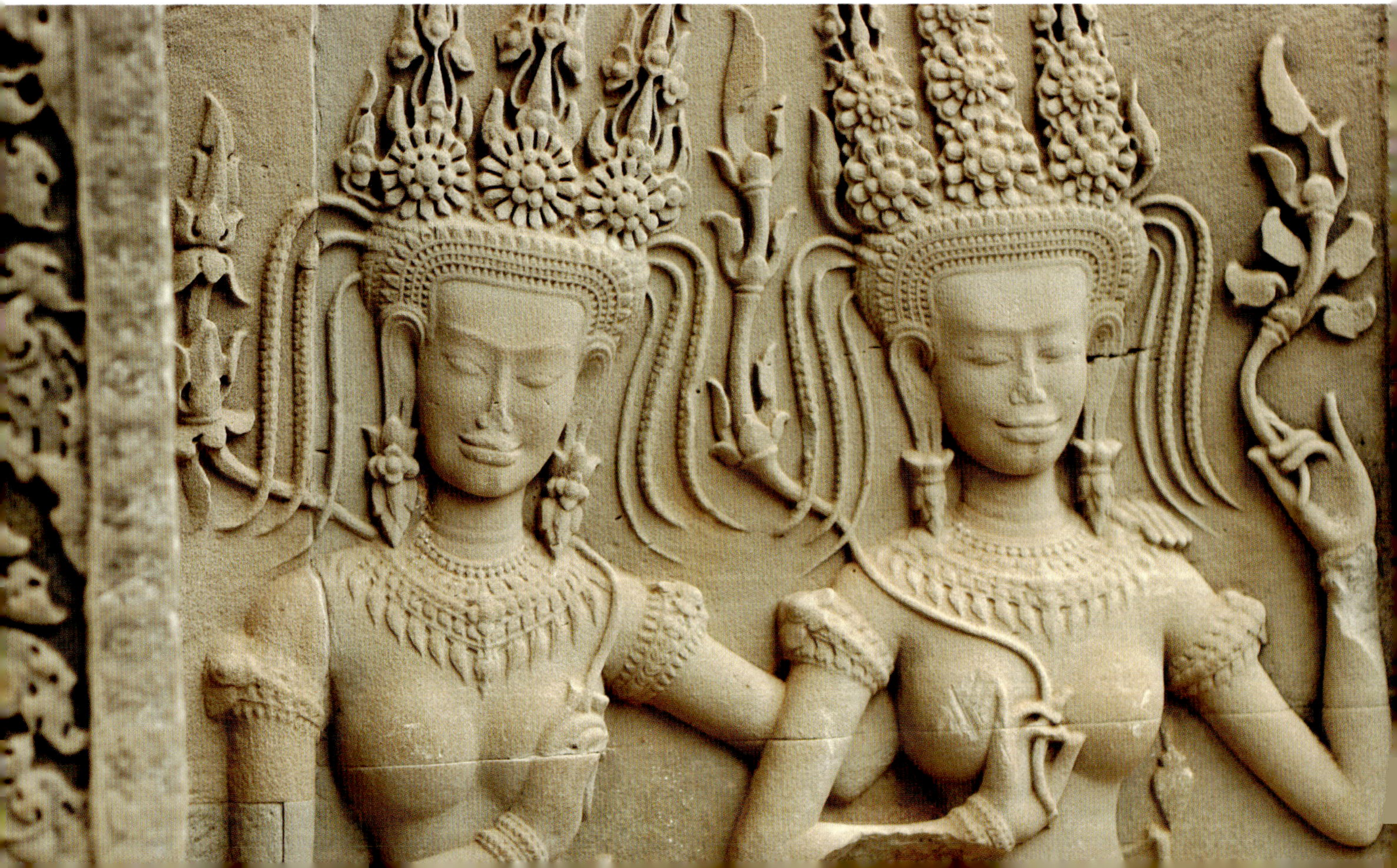

VORHERIGE SEITEN UND GANZ LINKS, OBEN: Die riesige Tempelanlage von Angkor Wat. Ihre Gestaltung beruht auf der historischen Kosmologie des Hinduismus. Die fünf „Maiskolbentürme" verkörpern die Berge der Götter.

GANZ LINKS, UNTEN: Anmutige „Apsaras" (Himmelstänzerinnen) auf den Tempelwänden.

LINKS: Riesige Steingesichter am Bayon-Tempel nördlich von Angkor Wat. Diese Darstellungen des „Bodhisattva" Avalokitesvara überblicken die Landschaft in allen Richtungen.

Himachal Pradesh, Indien

JANOG UND DIE TEMPEL VON HIMACHAL PRADESH

Ein göttliches Erlebnis im Himalaya

VON MARK TULLY

LINKS: Die Stufen und der schlichte Steinsockel des Dorftempels in Janog.

GANZ LINKS: Die scheinbar unendlichen Bergketten des Himalaya, von Himachal Pradesh aus gesehen. Hier gibt es viele entlegene Dörfer, jedes mit seinem eigenem Tempel, der eigenen Gottheit geweiht.

Der indische Bundesstaat Himachal Pradesh im Westen des Himalaya gilt als Wohnsitz der Götter und über 2000 Tempel stehen diesen Göttern dort zur Verfügung. Berühmt und bei Touristen beliebt sind die Steintempel von Chamba und der Tempel Jawalamukhi („Flammenmund"). Doch fast jedes Dorf hat seinen eigenen kleinen Tempel und sie alle sind auf ihre Art einmalig.

Nur wenige Menschen besuchen diese Tempel, am ehesten sind sie wohl für Kunsthistoriker und Architekturstudenten von Interesse. Auch die Architekten Shabbir Khambatty und Swapnil Bhole, die mir ihre unveröffentlichten Forschungsarbeiten und Fotos zur Verfügung stellten, waren hier. Sie halfen mir, die Verbindung zwischen der Natur und den Dorftempeln von Himachal Pradesh zu verstehen. Die Tempel aus Holz und Stein fallen nicht auf, sondern fügen sich in ihre Umgebung ein – in die heiligen Berge von Himachal Pradesh, deren Gebirgsketten sich wie die Wellen des Meeres bis hin zu den schneebedeckten Gipfeln des Himalaya ausbreiten. Jedem Dorftempel steht eine Naturgottheit vor, die man mit Festen zum Verlauf der Jahreszeiten feiert und um Schutz vor Erdbeben bittet.

Man findet solche Dorftempel nicht weit von Shimla, der einstigen „Sommerhauptstadt" Britisch-Indiens und heutigen Hauptstadt von Himachal Pradesh. Das Dorf Janog, rund 40 Kilometer von Shimla entfernt, hat nur etwa 200 Einwohner, aber einen eigenen Tempel und eine eigene, ihm vorsitzende Gottheit. Der rund 10 Meter hohe Tempel steht am Rand des Dorfes über einem Hunderte Meter tiefer liegenden Tal. Er besteht aus zwei schlichten Holzräumen auf einem Stein-sockel. Der obere Raum ist das „Sanctum sanctorum", der eigentliche Sitz der Gottheit. Die Wände des Turms säumen kunstvoll geschnitzte Holzlatten, die sanft im Wind klappern. Leider hat man mittlerweile das schräge Schieferdach des Tempels, das so gut in die graugrüne Berglandschaft passte, durch ein Wellblechdach ersetzt. Doch der „Pujari" (Priester) spricht noch immer dieselben Gebete und führt dieselben Rituale durch, mit denen das Dorf seit Jahrhunderten seinen Gott ehrt. Durch ihre Religion drücken die Dorfbewohner ihre Ehrfurcht vor den Bergen, ihrer Heimat, aus. Sie glauben an einen gutmütigen Gott, den sie um Schutz bitten und in ihren fröhlichen Festen feiern können.

Für mich verkörpern die Tempel von Himachal Pradesh mit ihrem Holz und Stein die tiefe Ehrfurcht, die man im Himalaya spürt. Wenn ich über die Bergketten blicke, überwältigt mich manchmal ein Gefühl, das ich nur als „Gott" beschreiben kann. Es macht mich demütig, denn dieser Gott ist so unendlich viel größer als ich. Gleichzeitig fühle ich mich mit ihm eins und das spendet mir Trost. Im Himalaya muss ich oft an das Gedicht „Gottes Herrlichkeit" von Gerard Manley Hopkins denken, in dem er eine vom Menschen beschmutzte und „beschmierte" Welt beschreibt. Dennoch ist der Dichter zuversichtlich, dass die Natur „sich nie erschöpft". Und warum nicht? Weil sich der Heilige Geist um die geschundene Welt kümmert, sie metaphorisch an seine „warme Brust" drückt.

Für die Christen ist der Heilige Geist der Beschützer der Natur. Er ist es, dem ich immer im Himalaya begegne. Die Dorfbewohner in diesen Bergen haben ihre eigenen Beschützer, ihre eigenen Götter, die in ihren Tempeln wohnen.

Shandong, China

TAI SHAN

Vier heilige Berge stehen annähernd im Norden, Süden, Osten und Westen der Ebenen Nordchinas. Sie markieren das Kernland des einstigen Kaiserreichs. In China gibt es aber auch noch eine fünfte Himmelsrichtung, die kosmische „Mitte", und darum gibt es auch fünf heilige Berge. Der Berg in der Mitte, der fünfte Berg, ist der Tai Shan, der „große Berg". Seit rund 3000 Jahren ist er Chinas heiligster Berg und ein beliebtes Reiseziel für Pilger.

Berge werden in China als besondere Kraftpunkte verehrt. Sie sind Wohnsitz der Unsterblichen und Symbole für Beständigkeit, Stärke, Macht und Ewigkeit. Etwas, das in der westlichen Kultur als „felsenfest" beschrieben wird, würde ein Chinese mit „fest wie der Tai Shan" ausdrücken. Auf diesem Gipfel beteten Herrscher genauso wie das einfache Volk. Im Lauf der Jahrhunderte pilgerten 72 Kaiser zum Tai Shan, wo sie im kaiserlichen Dai-Miao-Tempel ihren Göttern huldigten und für Wohlstand beteten. Heute liegt der Tempel inmitten der Stadt Tai'an. Er ist einem kaiserlichen Palast nachempfunden und rund 28 000 Quadratmeter groß.

Entlang der Pilgerpfade, die sich von Tai'an aus den Berg hinaufschlängeln, stehen viele Schreine. Einer davon ist der Göttliche Felsentempel, bekannt für die große Zahl an Statuen in seiner Tausend-Buddha-Halle. Doch glücksbringende rote Wimpel und unzählige kleine Opfergaben deuten an, dass der gesamte Hang als heilig gilt: nicht nur die Tempel, Schreine und Gedenktafeln, sondern auch Landschaftsmerkmale, wie ein 2200 Jahre alter Baum und die Brücke der Unsterblichen. Letztere ist ein Gebilde aus Felsbrocken, das wie waghalsige Stufen über eine schwindelerregende Schlucht führt.

Eine der längsten Treppen der Welt – sie hat rund 7000 Stufen – führt zum höchstgelegenen Tempel des Berges, dem Tempelkloster der Wolkenprinzessin. Die Aussicht vom Gipfel des Tai Shan ist atemberaubend. Hier wird man von dem Gefühl ergriffen, das schon Tausende chinesische Pilger zuvor empfunden haben müssen, nämlich im Palast des Jadekaisers, des Herrschers des Himmels, angekommen zu sein.

Peking, China

HIMMELSTEMPEL

In den Gebäuden des Himmelstempels erkennt man den Wunsch der Menschheit nach Ordnung im irdischen Chaos. Die Halle der Ernteopfer (rechts) verkörpert diesen Wunsch perfekt. Der symmetrische Bau besteht aus drei runden, dunkelblauen Dächern, die von kunstvollen Schnitzereien in Blau und Gold unterteilt sind, und einer goldenen Kugel an der Spitze. Sein Stil weist klare Symbole auf. Drei Säulenkreise im Inneren stützen das blau verflieste Dach, das den Himmel über der Erde darstellt. Vier Säulen in der Mitte stehen für die vier Jahreszeiten, zwölf im nächsten Kreis für die zwölf Monate und die zwölf äußeren Säulen stehen für die zwölf Stunden des (hellen) Tages. Seine runde Form macht ihn auch zu einem Symbol für den göttlichen Himmel.

Dieses Gebäude besuchte einst der als Sohn des Himmels bekannte Kaiser von China jedes Jahr am Vorabend der Wintersonnenwende. Er betete für gute Ernte und meditierte in der benachbarten Halle des Himmelsgewölbes, einem etwas kleineren Gebäude. Am nächsten Tag kam er wieder, um am runden Himmelsaltar zu beten und rituelle Opfer darzubringen. Der Altar ist eine dreistufige Marmorterrasse innerhalb der Anlage. Auch hier sind Symbole von Bedeutung: Die Anzahl der Bodenplatten ist auf jeder Ebene ein Vielfaches der Zahl Neun – der Zahl des Kaisers. Das Ernteritual musste reibungslos verlaufen. Traditionsgemäß war der kleinste Fehler des Kaisers ein schlechtes Omen für das Wohl des Volkes im kommenden Jahr.

Diese symbolischen, symmetrischen Bauwerke wurden von Menschen errichtet, die Form und Tradition respektierten. Sie entstanden nicht aus Aberglauben, sondern aus lebendiger Religion. Heutige Besucher begrüßen hier weltlichere Klänge: Lachende Jugendliche probieren die Echomauer der Halle des Himmelsgewölbes aus und die Älteren treffen sich zur morgendlichen Chorprobe im nahen Park, wo sie alte Lieblingslieder aus ihren kommunistischen Gesangsbüchern zum Besten geben.

Java, Indonesien

BOROBUDUR

Entstanden ist dieses große buddhistische Monument im 8. und 9. Jahrhundert, während der Sailendra-Dynastie. Nach dem Ausbruch des Vulkans Merapi im Jahr 1006 lag die Stätte über 800 Jahre lang unter Asche begraben. Der „unaussprechliche Berg angehäufter Tugenden", wie man die Anlage auch nennt, ist eine Stufenpyramide aus quadratischen Ebenen, die Pilger auf dem Weg nach oben im Uhrzeigersinn umrunden. Sie liegt auf einer Anhöhe auf der Kedu-Ebene, einem heiligen Gebiet in der Stadt Magelang in Java, zwischen zwei Flüssen und zwei Vulkanen. Die Stätte ist ein beliebtes Reiseziel für buddhistische Pilger.

Vor einer Kulisse aus Bergen und Dschungel steht dieses gewaltige, dreidimensionale Modell des Universums, verziert mit Reliefs, Buddhastatuen und Stupas. Welchen Zweck Borobudur einst erfüllt haben mag, ist unklar. Manche glauben, es war als Tempel oder Grabdenkmal gedacht, für andere ist die Anlage ein gigantischer Stupa. Auf sechs quadratischen Etagen, deren vier Seiten in die Himmelsrichtungen zeigen, stehen drei kreisförmige Ebenen mit einem großen Stupa an der Spitze. Der Grundriss der Anlage erinnert an ein riesiges Mandala – eine Zeichnung des perfekten Universums.

Ein Besuch Borobudurs ist ein symbolischer Pilgerrundgang („Pradakshina") zur heiligen Spitze. Entlang der Terrassen gehen die Pilger im Uhrzeigersinn um den Bau herum und über Steinstufen auf die jeweils nächste Ebene. Tausende kunstvolle Flachreliefs, die von den Pilgern beim Aufstieg von rechts nach links gelesen werden können, zieren die Mauern. Sie schildern Szenen aus dem Leben Buddhas, basierend auf dem „Lalitavistara" und den „Jataka"-Erzählungen sowie der Geschichte des Sudhana, eines buddhistischen Schülers, der erleuchtet wurde. Anmutige „Apsaras" aus Stein schweben auf Wolken, Könige und Königinnen schwelgen im Luxus und energievolle Musiker spielen auf Flöten und Gongs. Seit Jahr-

LINKS: Ein freigelegter Steinbuddha in einem beschädigten Stupa. Jeder der 72 kleinen Stupas auf der obersten Ebene Borobudurs enthält eine Buddhastatue.

hunderten machen Gläubige diesen langen Aufstieg, der den spirituellen Weg des Bodhisattva in die Erleuchtung und das Nirwana symbolisiert.

Auf der obersten Ebene erreicht der Pilger das Reich der Erleuchtung, des Erwachens, der Buddhaschaft. Hier, mit Aussicht auf das saftige Grün des Dschungels und den heiligen Vulkan Merapi, stehen 72 kleine Stupas in exakten Kreisen um einen Stupa in der Mitte. Durch Löcher in den kleinen Stupas kann man die Steinbuddhas in ihrem Inneren erspähen. Manche der Stupas sind beschädigt und die Statuen liegen frei. Die vier Stufen der Stupas verkörpern die vier geistigen Stufen der Meditation.

Bis heute feiern indonesische Buddhisten jedes Jahr das Waisak-Fest – Geburt, Erleuchtung und Tod Buddhas –, indem sie auf die Spitze Borobudurs pilgern.

OBEN: Blick von der obersten Ebene Borobudurs auf den umliegenden Dschungel.

RECHTS: Von oben gesehen erinnert Borobudur an ein Mandala.

Amritsar, Indien

GOLDENER TEMPEL

Ehrfurcht, die nie verstummt   **VON MARK TULLY**

Für Sikhs ist Amritsar so bedeutend wie Jerusalem für Christen, Mekka für Muslime und Varanasi (Benares) für Hindus. Es ist ihr bedeutendster Pilgerort. Inmitten dieser heiligen Stadt steht der Goldene Tempel.

Der fünfte Guru der Sikhs, Arjan Dev, ließ ihn im 15. Jahrhundert errichten. Zweimal wurde er von afghanischen Invasoren zerstört und im 17. Jahrhundert wieder aufgebaut. Sein heutiges Aussehen erhielt er im 18. Jahrhundert, während der Herrschaft des einzigen Sikh-Königs Ranjit Singh. Seine Größe ist weniger imposant als die Ausmaße vieler anderer religiöser Monumente. Die Pracht der nur etwa zwölf Meter langen Mauern liegt in den kunstvoll verzierten, vergoldeten Bronzeplatten, die den Tempel bedecken. Er sieht aus, als würde er komplett aus Gold bestehen. Den Tempel umgibt ein heiliges Becken, auf dem er zu schwimmen scheint. Der ganze Bau ist ein einziges Schmuckstück, mit Zwiebelkuppeln an jeder Ecke und einer vergoldeten Kuppel in Lotosform in der Mitte.

Wenn die Pilger die weißen Mauern der umliegenden Anlage betreten, erklingen Hymnen aus dem Tempel. Die Pilger werfen sich zu Boden, um Gott ihre Hingabe zu demonstrieren – man nennt den Goldenen Tempel auch „Hari Mandir" („Wohnsitz Gottes"). Manche Pilger sitzen danach am Beckenrand und beten, andere baden darin. Schließlich gehen sie alle um das Becken herum, auf dem Weg in den Tempel.

Ein Glaubensgrundsatz der Sikhs ist die Gleichheit aller Menschen. Darum führen vier Türen in den Tempel, die Menschen aller Klassen, aller Religionen und aus allen Himmelsrichtungen willkommen heißen. Der Aufschwung des Sikhismus im 16. Jahrhundert ähnelte in vielen Punkten der Reformation im Europa desselben Jahrhunderts. Beide Bewegungen fanden bestehende Religionen zu sehr von Ritualen

OBEN: Pilger im Goldenen Tempel entzünden Kerzen als Zeichen ihres Glaubens.

LINKS: Gläubige warten auf der Brücke zum Goldenen Tempel, der wie schwerelos auf dem Wasser zu treiben scheint.

und Aberglauben durchzogen. Die Priester waren zu mächtig und die Glaubensregeln zu streng geworden: Sie unterdrückten die wahre Spiritualität. Die ersten Gurus waren Lehrer, keine Priester. Sie lehrten, dass es keiner Brahmanen oder Priester bedurfte, um mit Gott zu sprechen. Die Sikhs brauchten nicht die vielen Götter der Hindus, um zwischen ihnen und dem höchsten Wesen zu vermitteln, genau so, wie die Protestanten keine Heiligen benötigten. Der letzte Guru lehrte die Sikhs, dass alles in ihrer heiligen Schrift zu finden war, die von da an ihre einzige und oberste Instanz war. Daher heißt diese heilige Schrift Guru Granth Sahib. Pilger im Goldenen Tempel knien vor dem Grant Sahib, der jeden Morgen in einer goldenen Sänfte ins reich verzierte „Sanctum sanctorum" getragen wird.

Im Gegensatz zu vielen anderen religiösen Stätten im lärmenden Chaos Indiens ist der Goldene Tempel ein friedlicher Ort. Kein Priester stört die Besucher und die im Glaubenstourismus übliche Geschäftemacherei findet man hier auch nicht. Es herrscht andächtige Stimmung, die jedoch nichts mit der schweigsamen Ehrfurcht in einer christlichen Kirche gemeinsam hat. Pilger und andere Besucher plaudern, während sie vor dem Eingang Schlange stehen. Keinem Kind wird der Mund verboten. Es wird durchgehend gesungen und aus der heiligen Schrift gelesen.

Was den Goldenen Tempel dennoch typisch indisch macht, sind die individuellen Glaubensbezeugungen und -interpretationen der Pilger. Man ist nicht zum einheitlichen Gottesdienst verpflichtet. Die einzigen Pflichten sind das Bedecken des Kopfes und andächtiges Verhalten. Hier kann man gar nicht anders, als im Angesicht der nie endenden Hymnen, des glitzernden Spiegelbildes des Tempels im Wasser und der hingebungsvoll knienden Pilger ein Gefühl tiefster Ergriffenheit zu empfinden. Ich war erschüttert, als 1984 separatistische Sikhs den Goldenen Tempel schändeten und ihn zu einer Festung machten. Indische Soldaten stürmten in einer umstrittenen Militäraktion den Tempel und vertrieben die Separatisten. Doch auch dies konnte der Heiligkeit dieses Tempels nichts anhaben.

LINKS: Die Wasserspiegelung des Tempels verstärkt seinen goldenen Glanz.

Kyoto, Japan

INARI-SCHREIN VON FUSHIMI

Hunderte dicht gereihte orange „Torii"-Tore überdachen die Bergpfade zum Inari-Schrein von Fushimi und verwandeln sie in kilometerlange, leuchtende Tunnel. Diese hölzernen „Torii" werden von Gläubigen gespendet und sind traditioneller Bestandteil eines Shinto-Schreines. Sie stehen am Eingang einer heiligen Stätte. Besucher waschen sich die Hände und den Mund, um sich für den Übergang aus dem Alltag ins Heiligtum zu reinigen.

Dieser Schrein am Fuß des Inari-Berges gehört zu den vielen Schreinen Japans, die dem Shinto-Geist Inari gewidmet sind. Er steht für Reis, Fruchtbarkeit und Wohlstand. Dargestellt wird er als Mann oder Frau, manchmal beides, und er ist bei den Shinto-Anhängern einer der beliebtesten Geister („kami").

Ganz unten auf dem Hügel stehen ein „Romon" (wörtlich: „Haupttor") und der „Go-Honden" („Hauptschrein") mit dem heiligen Inari-Symbol, einem Spiegel. Weiter oben auf dem Berg steht der „Oku miya" („innerer Schrein"), den man über einen „Torii"-Pfad erreicht. Auf dem Gipfel stehen Zehntausende „Tsuka" („Hügel"), private Andachtsstätten. Überall in der Anlage sieht man „Kitsune"-Statuen („Füchse"), die Boten des Inari, die oft mit einem Schlüssel (zum Reisspeicher), einer Schriftrolle eines Geschäftsvertrages oder einem Reisbündel im Maul oder in der Pfote dargestellt werden.

Während des dreitägigen japanischen Neujahrsfestes besuchen Millionen Gläubige den Schrein. Reis, Sake und andere Nahrungsmittel werden den „Kitsune" als Opfergaben dargebracht, damit sie für die Gläubigen ein gutes Wort bei Inari einlegen. Beliebt sind auch Inari-Sushis (mit gebratenem Tofu), die angeblich eine Lieblingsspeise japanischer Füchse sind.

RECHTS: Einer der Wege zum Inari-Schrein von Fushimi. Die orangefarbenen „Torii"-Tore wurden von Anhängern Inaris gespendet.

Südinsel, Neuseeland

AORAKI/ MOUNT COOK

Mit 3700 Metern Höhe ist der Berg Aoraki („Durchdringer der Wolken") der höchste Berg Neuseelands. Für den Stamm der Ngai Tahu ist jedoch weniger seine Größe von Bedeutung. Vielmehr ist der Aoraki ein Denkmal für das erste Kind des Gottes Raki (Vater des Himmels) und seiner Himmelsfrau Poharua Te Po („Atem des Lebens im Schoß der Dunkelheit").

Als Raki zur Erde kam, um die Erdmutter Papatuanuku zu heiraten, erschienen auch seine Himmelskinder: Aoraki und seine drei Brüder Rakiro, Rakiru und Rarakiroa. Auf dem Rückweg in den Himmel sank jedoch das Kanu der Brüder und sie kletterten auf das Wrack, wo sie der Südwind gefror und in die Südinsel verwandelte. Nun steht dort der dreigipfelige Aoraki bis in alle Ewigkeit, umringt von seinen drei Brüdern (den Bergen Mount Dampier, Mount Tasman und Mount Teichelmann). In der wissenschaftlichen Version der Geschichte entstanden die Berge durch tektonische Hebung entlang der pazifischen und indo-australischen Kontinentalplatten. Der anhaltende Druck schiebt das Gebirge jedes Jahr um sechs Millimeter in die Höhe.

Im Jahr 1851 benannte der Kapitän John Stokes den Aoraki in „Mount Cook" um – nach James Cook, dem ersten Europäer, der die Inseln umsegelte. Mittlerweile ist der Berg zu einem beliebten Reiseziel geworden. Im umliegenden Nationalpark wachsen über 300 Pflanzenarten, darunter auch Gebirgsgänseblümchen und die „Mount-Cook-Lilien" genannten Riesenbutterblumen. Zu den seltenen Tieren des Parks gehören Keas, Schmuck-Grüngeckos und Schwarze Stelzenläufer.

Für die Ngai Tahu ist das Besteigen des Berges jedoch ein Sakrileg, denn der Aoraki ist die Verkörperung ihres bedeutendsten Ahnen und ihre Verbindung zu Gott.

LINKS: Der Aoraki/Mount Cook, in der Mitte links auf dem Bild. Der Legende nach ist er das versteinerte erste Kind des Gottes Raki.

Kimberley, Australien

BUNGLE BUNGLE

Die „Traumzeit", der Schöpfungsmythos der australischen Ureinwohner, beschreibt die Entstehung Australiens. Die Geschichten sind eng mit der Landschaft verknüpft und es scheint, als hätten manche kuriosen Landschaftsgebilde die Phantasie der Menschen einst so beflügelt, dass sie sich eine von Schöpferwesen geformte Welt vorstellten.

Eine dieser „träumenden Landschaften" – Orte, an denen Ahnen aus der Traumzeit leben – ist Bungle Bungle im Westen Australiens. Es ist ein Felsmassiv, das einer Mondlandschaft ähnelt und angesichts der orange und schwarz gestreiften Felsknollen vergisst man leicht, dass diese auf natürliche Weise entstanden sind. Denn diese gigantischen „Bienenstöcke" sind das Ergebnis jahrhundertelanger Erosion: Heiße Wüstenwinde aus der Tanami-Wüste haben Sandstein und Algen der unteren Erdschichten freigelegt und eine Landschaft geformt, die aus der Luft betrachtet an ein Korallenriff erinnert. Ihr Farbspektrum reicht von Blau und Grün bis hin zu Gold, Orange und Grau.

Die Echidna Gorge („Ameisenigel-Schlucht") ist eine enge Kluft zwischen zwei gewaltigen, rot-goldenen Felswänden aus Sandstein. An manchen Stellen ist die Schlucht nur zwei Meter breit, doch mit zwei Kilometern Länge erscheint sie wie der Schwertstreich eines Riesen.

Die Tierwelt in dieser Gegend gehört zu den eindrucksvollsten in ganz Australien. In den trockenen Flussbetten der Hochebene leben viele Vogelarten, wie der Wellensittich oder der Regenbogenspint. Bis in die 1980er-Jahre kannten nur Ureinwohner dieses Gebiet und es ist auch heute noch ein spirituelles Schutzgebiet der Aborigines. Hier, in Bungle Bungle, erwacht die Traumzeit zum Leben.

RECHTS UND OBEN: Die Sandsteinkuppen des Bungle-Bungle-Massivs entstanden durch jahrhundertelange Verwitterung. Für die Aborigines der Region ist dies eine „träumende Landschaft".

Northern Territory, Australien

ULURU

VON PICO IYER

Das stille, pulsierende Herz Australiens

Das Taj Mahal, die Pyramiden von Gizeh oder die Chinesi-sche Mauer zeigen, was der Mensch mit (und aus) der Natur machen kann. Der Uluru – in der westlichen Welt auch lange als Ayers Rock bekannt – verdeutlicht hingegen, was die Natur in Menschen auslösen kann. Er steht einfach nur da, dieser 335 Meter hohe Monolith, mitten in Australiens Halbwüste, über 300 Kilometer von der nächsten Kleinstadt entfernt, im Süden des Northern Territory, und sagt nichts. Er hat keine Kammern oder Türme oder Inschriften. Er ist einfach nur da, gigantisch, unerbittlich, wie König Osyman-dias. Und doch lässt er dich dein Leben hinterfragen.

Für die Ureinwohner ist das gesamte Land dieses ältesten aller Kontinente heilig. Ihre umfangreiche Sammlung an „Song-lines" bildet eine geheime, gesungene Landkarte, die für Fremde unlesbar ist. Uluru ist ein ganz besonderer Ort für die Aborigines, die seit Zehntausenden Jahren hier leben, denn er wird von den Geistern vieler Ahnen, wie die Schöpferwesen auch genannt werden, belebt. Eine Geschichte erzählt von einer roten Echse, die einen gebogenen Stock in den Fels warf und beim Versuch, ihn herauszuziehen, starb. In einer anderen Geschichte töteten zwei blauzüngige Echsenmänner einen Emu, der vor den Glockenvogelbrüdern floh, und die verfein-deten Jäger trafen an diesem Ort aufeinander.

Geschichten der Traumzeit findet man auch in Form von Malereien in den Höhlen um den Uluru. Es gibt hier auch eine Wasserstelle mitten in der Wüste. Besucher werden gebeten, die heiligen Felsen nicht zu besteigen, doch viele tun es trotz-dem und manche sterben bei dem Versuch. Auch das Fotogra-fieren bestimmter Stellen oder das Mitnehmen von Steinen gilt als Entweihung. Für die Anangu, die Hüter des Uluru, ist dieser Ort lebendig.

Je nach Sonnenstand ändert sich die Farbe des Sandstei-nes und die stille Gestalt scheint sich ständig zu verwandeln.

OBEN UND FOLGENDE SEITEN, RECHTS: Der Uluru, gewaltiges Felsgebilde und Symbol Australiens. Für die Ureinwohner ist er eine bedeutende heilige Stätte.

LINKS: Der hohe Eisenanteil ist für die rostrote Farbe des Gesteins verantwortlich.

„Dieser Fels wird mit jeder Betrachtung schöner", sagte im Jahre 1873 William Gosse, einer der ersten europäischen Forscher, die den Uluru zu Gesicht bekamen. Auf seine Art ist der Uluru ein Symbol für die pulsierende Kraft des australischen Outbacks, einer urgewaltigen, ruhelosen Weite voller rotsandiger Pfade und sonnengebleichter, krummer Bäume unter einem kobaltblauen Himmel.

Die Anziehungskraft Ulurus kann man nicht auf einem Foto einfangen und seine Ausstrahlung nicht in Worte fassen. Bereits auf der Fahrt zu ihm spürt man seine erschütternd starke, ihm innewohnende Kraft, und sie wirkt auch noch, lange nachdem man wieder weg ist. Anfangs hält man vielleicht die sonnendurchfluteten Städte, die moderne Lebensart oder die weißen Sandstrände für die Besonderheiten Australiens. Erst, wenn man in seine Mitte reist, entdeckt man das wahre Land in seiner Stille und Weite und in seinen uralten Geschichten von Gartenfächerschwänzen und verfeindeten Schlangen.

Der Aborigine-Name „Uluru" verstärkt dieses Gefühl noch weiter. Das Wort sieht für die meisten von uns eigenartig aus, mit seinen „u" am Anfang, in der Mitte und am Schluss. Auf gewisse Weise scheint uns der Name zu deuten, dass dieser Ort jenseits aller Worte liegt.

OBEN: Die Malereien in den vielen Höhlen am Uluru zeigen Szenen aus der Traumzeit. Die Farben der Bilder werden regelmäßig aufgefrischt.

Raiatea, Französisch-Polynesien

TAPUTAPUATEA

Die Wiege des polynesischen Glaubens wird auf den Gesellschaftsinseln, genauer gesagt auf der Insel Raiatea vermutet. „Raiatea" bedeutet im Tahitianischen „wolkenloser Himmel" und die Insel ist ein idyllisches Tropenparadies aus wildem Hibiskus, Bambus, Tahiti-Kastanien und der seltenen weißen Blume „Tiare Apetahi". Die Vorfahren der Polynesier stammten ursprünglich aus Mikronesien und besiedelten Raiatea vor rund 50 000 Jahren, bevor sie sich über weitere Gebiete des Pazifikraumes ausbreiteten.

Die uralte „Marae" (ein Zeremonienplatz) der Gemeinde Taputapuatea ist die größte und bedeutendste heilige Stätte Polynesiens (unten). Alle fünf Jahre treffen sich hier polynesische Völker zum Gedenken an ihre gemeinsamen Vorfahren. Manche kommen sogar von Neuseeland, der Osterinsel oder Hawaii hierher. In der Mitte der Marae steht ein länglicher Stein, dessen Umriss in der untergehenden Sonne an eine der

Statuen auf der Osterinsel erinnert. Anhänger des Kriegs- und Fruchtbarkeitsgottes Oro bauten diese Tempelplattform vor rund 1500 Jahren aus Korallen und schwarzem Vulkangestein. Oro ist der Sohn des Schöpfergottes Ta'aroa und es heißt, dass er auf dieser Insel geboren wurde. Alle anderen Marae Polynesiens, selbst die im weiter entfernten Neuseeland, wurden vermutlich über einem heiligen Stein aus Taputapuatea oder aus einem von hier abstammenden Tempel errichtet. Die Gegend um Taputapuatea ist heilig und der Krater des Vulkanes Fa'arua der „Nabel der Welt".

In der Vorzeit kamen die Krieger, die im Krater lebten, zum Tempel von Taputapuatea und brachten Menschen- und Tieropfer dar, bevor sie auf Eroberungsreise zogen. Viele Generationen lang holten sich die Polynesier den Segen der Tempelhüter, bevor sie ihre Dynastien auf Hawaii, Samoa, Rarotonga (Cookinseln) und Neuseeland gründeten.

Queensland, Australien

CARNARVON GORGE

Die 16 000 Hektar große Carnarvon-Schlucht im Carnarvon-Nationalpark von Queensland ist für die Völker der Bidjara und Karingbal ein bedeutender energetischer Kraftort der Natur und ein Treffpunkt für jährlich stattfindende Zeremonien der Ureinwohner.

Die Schlucht liegt im östlichen und beliebtesten Teil des Parks. Vor Millionen Jahren entstand sie aus Schiefer, Sandstein und anderen Sedimentgesteinen. Wenn man durch sie hindurchgeht, sieht man die verschiedenen Schichten dieser eindrucksvollen Gesteinslandschaft. In der Schlucht regnet es öfter und es herrschen niedrigere Temperaturen als im umliegenden, trockenen Hochland. Sie ist eine einladende grüne Oase aus Eukalyptus, Akazien, Kiefern und Riesenfarnen.

Im Unterlauf der Schlucht befindet sich die 60 Meter lange Art Gallery, eine einzigartige „Gemäldegalerie" der Aborigines. Sie umfasst Bumerang-Malereien, über 1300 Felsgravuren und 600 Schablonenbilder, die vor allem Hände und Fruchtbarkeitssymbole darstellen. Ganz in der Nähe liegt die Cathedral Cave, eine Halbhöhle mit ähnlicher Schablonenkunst an ihren Felswänden. Die Umrisse entstanden, indem man mit Wasser vermischte Erdfarbe über eine gegen den Stein gedrückte Form blies. Vermutlich waren die Bilder Teil einer spirituellen Zeremonie und symbolisierten die Verbindung zwischen Mensch und Fels. Die Schablonenbilder gehören weltweit zu den aufwändigsten dieser Art und selbst nach 3500 Jahren leuchten ihre roten und gelben Farbpigmente immer noch.

Die Ureinwohner, die diese Bilder einst schufen, lebten jedoch nicht ständig in der Schlucht – vielleicht, um dort nicht von ihren Feinden eingekesselt zu werden. Wahrscheinlicher ist jedoch, dass die Schlucht als heiliges Land galt, das nicht dauerhaft bewohnt werden durfte.

Tongariro-Nationalpark, Neuseeland

MOUNT RUAPEHU

Man sagt, dass die Vulkane des Tongariro-Nationalparks an der südlichen Spitze der Nordinsel Neuseelands aus den Gebieten des einstigen Hohepriesters Ngatoroirangi entstanden. Auf seiner Reise zum Tauposee sah er eine Gebirgskette und beschloss, sie zu besteigen. Aber noch bevor er den Gipfel erreichte, geriet er in einen Schneesturm und war in den wirbelnden antarktischen Winden gefangen. In seiner Verzweiflung betete er zu Ruamoko, dem Gott der feurigen Unterwelt. Daraufhin brach Lava aus dem Mount Ruapehu und bildete ein Becken um seine Füße, aus dem der Pazifische Feuerring entstand.

Für die Maori sind die Berge der Kette, der auch der Ruapehu, der Tongariro und der Ngauruhoe angehören, „wahi tapu" – heilige Stätten. Vom Wort „tapu" stammt auch unser „Tabu" ab. Vielleicht, weil man in der Maori-Tradition Orte, die als „tapu" gelten, nicht erforschen, besprechen, stören oder auch nur anschauen soll.

Der Mount Ruapehu ist der größte Vulkan des Landes und noch immer aktiv. Zwischen den Ausbrüchen (rund zwei große Eruptionen in einem Jahrhundert) sammeln sich Regen und Schmelzwasser in seinem Krater zu einem riesigen, mineralischen Säuresee. Auf den Hängen des Berges findet man noch eindrucksvollere Gewässer: die Smaragdseen, die aus dem Wasser geschmolzener Eisschollen aus den höheren Regionen bestehen. Aus dem Andesitgestein gelöste Mineralien verleihen den Seen außergewöhnliche Farben: von Türkis bis hin zu Smaragd-, Jade- oder Algengrün. Wie die Schneeverwehungen an ihren Ufern im Winter verändern auch die Seen selbst ständig ihre Form und Größe. Die Maori verehrten diese „lebenden" Seen und sahen in ihnen göttliche Kräfte und die Energie des „Mana": Ehrfurcht, die man erleben und nicht erklären soll.

RECHTS: Die Smaragdseen in den Hängen des heiligen Vulkans Mount Ruapehu. Mineralien verleihen den Seen ihre außergewöhnlichen Farben.

Northern Territory, Australien

KATA TJUTA

Wie gewaltige Wellen erheben sich die Kata Tjuta aus der glatten Oberfläche der Wüste. Die roten Kuppeln dieser enormen Felsen formen ein markantes Bild am Horizont der umliegenden Landschaft.

Die Kata Tjuta liegen 40 Kilometer westlich ihres berühmten Gegenstücks Uluru (siehe S. 212–215), doch die beiden Felsformationen gehören eigentlich zusammen. Sie sind die Spitzen eines riesigen Arms aus Kies und Sandstein, der sechs Kilometer tief in der Erde verläuft. Heute erstrecken sie sich über gut 21 Quadratkilometer, doch einst waren sie viel größer, vielleicht zehnmal so groß wie der Uluru. Ihre Zusammensetzung aus verschiedenen Gesteinen machte sie jedoch empfindlicher für die Erosion der letzten 500 Millionen Jahre. Während sich der Uluru nach außen zeigt und den Winden trotzt, ziehen sich die Kata Tjuta in ihr Inneres zurück.

Um die Felsen ranken sich viele Geheimnisse. Hier sollen schon vor 10 000 Jahren Stämme der Ureinwohner gelebt haben und wie der Uluru sind auch die Kata Tjuta ein wichtiger Schauplatz der Traumzeit. In vielen Legenden der Aborigines spielen die Felsen eine Rolle, oft in Verbindung mit der großen Schlange Wanambi, die der Geschichte nach während der Regenzeit in einem Wasserloch auf dem Gipfel des größten Felsens (Mount Olga) lebt. Die dunklen Linien im Stein auf der Ostseite des Wasserlochs sollen ihre Barthaare sein. In der Trockenzeit kriecht die Schlange hinunter in die Höhlen und Schluchten und der Wind, der durch die Felsspalten bläst, ist ihr Atem.

Manche Zeremonien der Ureinwohner finden noch immer hier statt und viele der geheimen Mythen und Rituale kennen nur die älteren Stammesmitglieder und die Felsen selbst. Das Rätsel dieser Felsen mag sich demnach nur jenen erschließen, die hierherkommen und dem Wind lauschen – dem tiefen Atem des Schlangengottes Wanambi.

New South Wales, Australien

LAKE MUNGO

Schon seit erstaunlich langer Zeit leben Menschen an den Ufern des Lake Mungo. In den 1970er-Jahren entdeckte man hier die verbrannten Gebeine einer Frau und das Skelett eines Mannes. Sie waren vor rund 40000 Jahren gemäß der Bräuche der Ureinwohner begraben worden. Für viele sind diese Begräbnismethoden der älteste Hinweis auf einen komplexen religiösen Glauben. Auch heute noch ist das Gebiet eine heilige Stätte für die Aborigines.

Der Legende nach wurde der See von zwei magischen Wesen erschaffen: von Bookoomurri (einem dinosaurierähnlichen Tier) und einem Riesenkänguru. Archäologen haben herausgefunden, dass tatsächlich vor langer Zeit das riesige Procoptodon in dieser Gegend lebte. Es war ein Beuteltier und mehr als doppelt so groß wie das größte der heutigen Kängurus.

Als der Lake Mungo noch ein echter See war (und kein trockenes Becken wie heute), wimmelte es hier vor Fischen und Wildtieren. In der Vergangenheit war das Gebiet von zwei Stämmen besiedelt: von den Paarintji im Norden und den Paakantji im Süden. Über 20000 Jahre lang lebten sie friedlich entlang des Ufers, bis vor 10000 bis 12000 Jahren die Seen auszutrocknen begannen. Zurück blieb ein sonnenversengtes, weites Land voller Dünen und sandiger Erhebungen. Am nordöstlichen Ufer ragen tafelbergartige Sedimentgebilde aus den Sanddünen empor, die aufgrund von Erosion durch Regen und Wind entstanden. Chinesische Arbeiter haben sie einst die „Chinesischen Mauern" genannt.

Im umliegenden Gebiet wurden bereits über hundert Begräbnisstätten sowie Feuerstellen, Abfallhaufen, Steinbrüche, Werkstätten und sogar im Ton verewigte Fußspuren gefunden. Sie zeugen von dem Leben, das hier einst blühte. Laufend werden neue Artefakte entdeckt, besonders nach Regenfällen. Der Lake Mungo ist eine wahre archäologische Fundgrube.

Northern Territory, Australien

NOURLANGIE ROCK

In der Traumzeit, der mythologischen Schöpfungszeit der Aborigines, reisten zwei Ahnengeister namens Namondjok und Namarrgon in Richtung Westen und erschufen auf dem Weg dorthin die Landschaft. Ein Teil davon war der Nourlangie Rock, ein gewaltiger Felsen auf dem Arnhem-Plateau im australischen Northern Territory.

Seit 20 000 Jahren suchen die Ureinwohner Zuflucht vor dem Monsunregen in den Spalten und Felsvorsprüngen des Nourlangie. Hier finden sich auch einige der erstaunlichsten und eindrucksvollsten Werke heiliger Kunst der Aborigines. Die Malereien am unteren Teil der Felswände, dem Anbangbang, zeigen die Geister der Traumzeit, unter ihnen Namondjok und Namarrgon, ihre Familien und andere bei der Ausübung heiliger Stammesrituale.

Namondjok lebt im Himmel. Man sagt, dass ein einzelner Felsbrocken auf dem oberen Teil des Nourlangie, dem Burrunggui, eine Feder aus seinem Kopfschmuck sei. Namarrgon, der „Blitzmann", wohnt in der Erde und ein anderer Felsbrocken soll eines seiner Augen sein. Besucher sollen der Stätte mit Respekt begegnen, damit sie von ihm nicht mit einer schlimmen Krankheit belegt werden. Die Malereien zeigen Namarrgon mit einer gebogenen Linie, die Hände, Knöchel und Kopf verbindet. Die Linie symbolisiert den Blitz, denn es ist Namarrgon, der während der Regenzeit die gewaltigen Gewitter auf das Arnhem-Plateau niederprasseln lässt. Er spaltet die Wolken mit Steinäxten auf Kopf, Füßen und Ellbogen und lässt den Blitz heraus. Das Geräusch schallt als Donner über die Ebene.

Wie an anderen heiligen Stätten der Ureinwohner haben auch hier nur die Aborigines das Recht, alle Einzelheiten über die Malereien zu kennen. Die Schönheit des Nourlangie Rock ist für alle da, doch viele seiner Geheimnisse behält der Felsen für sich.

RECHTS: Der Mythologie der Aborigines zufolge wurde der gewaltige Nourlangie Rock (im Bildhintergrund) von den Ahnengeistern Namondjok und Namarrgon erschaffen.

Northern Territory, Australien

DEVIL'S MARBLES

Diese imposanten roten Granitfelsen, von den Ureinwohnern „Karlu Karlu" genannt, scheinen auf dem trockenen Land des australischen Outbacks zu balancieren. Die unterschiedlich großen Felsen, deren Durchmesser zwischen 60 und 600 Zentimetern liegen, sind über ein weites Gebiet verstreut und scheinen der Schwerkraft zu trotzen.

Die Felsbrocken entstanden vor über einer Milliarde Jahren in zwei natürlichen Prozessen. Zuerst kam ausgehärtete und verdichtete Magma aus der Erdkruste als Granit an die Oberfläche und brach durch den Druck in riesige Gesteins-blöcke. Anschließend formten Verwitterung und Erosion im Lauf von Millionen Jahren die großen Felskugeln, die man heute hier sieht. So gesehen sind die Karlu Karlu ein Symbol für den Ursprung der Schöpfung.

Viele Geschichten der Traumzeit sind mit diesem Ort verknüpft und wurden von Aborigines über Generationen weitergegeben. Die Kaytetye glauben zum Beispiel, dass die Felsen die versteinerten Eier der Regenbogenschlange sind, die aus der Erde kam, sich über die ganze Welt schlängelte und dabei Flüsse, Schluchten, Meere und Berge schuf.

In den Überlieferungen der Ureinwohner ist das ganze Gebiet um die Teufelsmurmeln heilig und gilt auch heute noch als eine wichtige spirituelle Stätte, obwohl viele der mit ihr verbundenen Legenden und Rituale im Laufe der Zeit in Vergessenheit geraten sind. Einst trafen sich hier die vier Stämme der Warlpiri, Warumungu, Kaytetye und Alyawarra für einmonatige Zeremonien. Sie tanzten und sangen zu den Geistern und hofften auf deren Segen, bevor sie wieder getrennter Wege gingen. Heute sind die Devil's Marbles in der Obhut der Nationalpark-Ranger und der Vertreter jener vier Stämme, die eine Verbindung zu diesem Ort haben. Auf diese Weise wird die uralte Tradition fortgesetzt.

UNTEN: Einige der Granitfelsen von Karlu Karlu. Sie sind charakteristisch für diesen Teil des trockenen Outbacks.

Verzeichnis der Orte

Die folgenden Informationen wurden sorgfältig recherchiert. Es ist dennoch ratsam, vor dem Antritt der Reise einen aktuellen Reiseführer zu konsultieren. Wenn keine Öffnungszeiten angegeben sind, ist die Stätte ganzjährig zugänglich (sofern nicht anders angegeben). Die Durchschnittstemperaturen gelten für tagsüber.

AMERIKA

BELIZE

GREAT BLUE HOLE, *Lighthouse Reef, S. 30 f.*
Klima: Ganzjährig 26–30 °C Lufttemperatur. Wassertemperatur in 40 Metern Tiefe ganzjährig ca. 24 °C. Die beste Reisezeit ist während der Trockenperiode im April und Mai.
Anreise: Der nächstgelegene Flughafen ist der Philip S.W. Goldson, einen kurzen Flug vom Belize International Airport entfernt. Weiter geht es per Boot von den Inseln Ambergris Caye und Caye Caulker (ca. 3 Stunden).
Tipp: Manche Tauchveranstalter bieten auch nächtliche Tauchgänge an.

BOLIVIEN

TIAHUANACO, *nahe La Paz, S. 22 f.*
Öffnungszeiten: Täglich (9–16.30 Uhr), ganzjährig.
Klima: Im Durchschnitt kühle 12 °C. Der meiste Regen fällt im Sommer (November bis März). Im Winter (April bis Oktober) sind die Tage kühler, bei meist wolkenlosem Himmel.
Anreise: Der nächste Flughafen ist der Flughafen El Alto in La Paz (52 km). Von dort fährt ein Bus zur Stätte (rund 1½ Stunden). Es gibt auch Mietautos, aber das Fahren kann schwierig sein, da manche Straßen nicht beschildert sind.
Tipp: Am 21. Juni findet in Tiwanaku das Aymara-Neujahrsfest („Machaj Mara") statt, an dem rund 5000 Menschen teilnehmen. An diesem Tag fahren Busse ab 4.00 Uhr von La Paz, damit man rechtzeitig zum Sonnenaufgang in Tiwanaku ist.

BRASILIEN

CHRISTUSSTATUE, *Rio de Janeiro, S. 27*
Öffnungszeiten: Täglich (8.30–18.30 Uhr), ganzjährig.
Klima: Heiß und feucht im Sommer (November bis März, bis 40 °C). Im kühlen Winter (Juni bis September) sinken die Temperaturen auf 15 °C. Die beste Reisezeit ist von Juni bis August.
Anreise: Der nächstgelegene Flughafen ist der Flughafen Rio de Janeiro-Antonio Carlos Jobim (20 km von der Statue entfernt). Man erreicht die Stätte mit dem Auto oder durch eine 20-minütige Fahrt mit der Zahnradbahn.
Tipp: Zur Statue selbst gelangt man über 220 Stufen oder über die Aufzüge und Rolltreppen.

GUATEMALA

LAGO DE ATITLÁN, *Panajachel, S. 14 f.*
Klima: Angenehmes Tropenklima. Durchschnittstemperatur: 27 °C. Die Nächte sind das ganze Jahr über kühl. Die beste Reisezeit ist außerhalb der Sturmsaison (November bis Februar).
Anreise: Der nächstgelegene Flughafen ist der La Aurora in Guatemala-Stadt (ca. 110 km). Busse fahren regelmäßig von Guatemala-Stadt nach Panajachel (ca. 3½ Stunden). Für Fahrten über den See stehen Boote und Fähren zur Verfügung.
Tipp: Auf einer Bootsfahrt von Panajachel nach Santiago Atitlán kann man die Vulkane aus der Nähe betrachten.

KANADA

BASILIKA SAINTE-ANNE-DE-BEAUPRÉ,
Quebec, S. 26
Öffnungszeiten: Täglich (8–22 Uhr), ganzjährig.
Klima: Kühl bis warm im Sommer (Juni bis September), mit Temperaturen zwischen 10 °C und 25 °C, und bis zu -18 °C im Winter (November bis April). Die beste Reisezeit ist von Mai bis Oktober.
Anreise: Der nächstgelegene Flughafen ist der Flughafen Quebec (ca. 32 km entfernt).

Tipp: Die zwei beliebtesten Termine für Pilgerreisen zur Kirche sind der 26. Juli (Fest der Hl. Anna) und der 8. September (Mariä Geburt).

MEXIKO

HEILIGER BRUNNEN, *Chichén Itza, S. 35*
Öffnungszeiten: Täglich (8–17 Uhr), ganzjährig.
Klima: Ganzjährig heiß und feucht, besonders zwischen 12 und 16 Uhr. Durchschnittstemperatur: 34 °C.
Anreise: Die nächstgelegenen Flughäfen sind Cancún (ca. 120 km) oder Mérida (ca. 190 km). Von dort fährt man mit Bus oder Auto weiter.
Tipp: Die Anlage Chichén Itza umfasst auch viele andere sehenswerte archäologische Stätten, z. B. die Pyramide El Castillo.

PYRAMIDE DES ZAUBERERS, *Yucatán, S. 34*
Öffnungszeiten: Täglich (8–17 Uhr), ganzjährig.
Klima: Ganzjährig heiß und feucht. Durchschnittstemperatur: 28 °C. Die besten Reisemonate sind Oktober, November, April und Mai.
Anreise: Der nächstgelegene Flughafen ist Mérida (ca. 115 km). Man erreicht die Stätte mit dem Auto (ca. 1 Stunde).
Tipp: Die Pyramide ist Teil der Ruinenstadt Uxmal. Andere sehenswerte archäologische Stätten sind z. B. der Gouverneurspalast, das „Nonnenviereck" und der Ballspielplatz.

PERU

NAZCA-LINIEN, *Nazca-Wüste, S. 13*
Klima: Dies ist einer der trockensten Orte der Welt. Durchschnittstemperatur 25 °C, mit Höchsttemperaturen von bis zu 40 °C. Aufgrund der extremen Hitze ist von einem Besuch im Sommer (Dezember bis März) abzuraten.
Anreise: Der nächstgelegene Flughafen ist der Jorge Chávez (ca. 16 km nordwestlich von Lima). Es gibt Busse und Mietautos für die Strecke zwischen Lima und Nazca (ca. 440 km, 7 Stunden).
Tipp: Die meisten Besucher sehen sich die Linien auf einem Rundflug aus der Luft an.

USA

MEDIZINRAD VON BIGHORN, *Wyoming, S. 12*
Öffnungszeiten: Mitte Juni bis September täglich, jedoch wetterabhängig.
Klima: Im Winter durchschnittlich -11 ˚C, mit häufigen Schneefällen, im Sommer 15 ˚C. Die beste Reisezeit ist von Mai bis Oktober.
Anreise: Die nächstgelegenen Flughäfen sind der South Big Horn County Airport (ca. 100 km) und der North Big Horn County Airport (ca. 70 km). Man kann die Stätte mit dem Auto erreichen, aber vom Parkplatz sind es noch 2,4 km zu Fuß. Für Menschen mit Behinderungen stehen motorisierte Fahrzeuge zur Verfügung.
Tipp: Besucher werden gebeten, den Brauch der Indianer zu respektieren und den Kreis im Uhrzeigersinn zu umrunden.

BIG SUR, *Kalifornien, S. 18 ff.*
Klima: Für gewöhnlich mild. Die Sommer sind trocken und sonnig. Durchschnittstemperatur: 16 ˚C. Die Winter sind kühl und feucht, mit durchschnittlich 12 ˚C. Die beliebteste Reisezeit ist Mitte Sommer, da es in dieser Zeit kaum regnet. An der Küste ist es oft neblig, besonders am Morgen. Die beste Zeit, um sich die Pflanzen- und Tierwelt anzusehen, ist von April bis Juni. Im September und Oktober leuchtet die Gegend in den Farben des Herbstes.
Anreise: Der nächstgelegene Flughafen ist der Flughafen Monterey (ca. 48 km), allerdings gibt es mehr Flüge von San Jose aus (ca. 195 km).
Tipp: Man kann fast überall in Big Sur campen. Besucher sollten jedoch aufgrund der wechselhaften Temperaturen zu jeder Jahreszeit Kleidung für warmes und kaltes Wetter mitnehmen.

BRYCE CANYON, *Utah, S. 10 f.*
Öffnungszeiten (Besucherzentrum): Täglich, 8-16.30 Uhr (April); 8-20 Uhr (Mai bis September); 8-18 Uhr (Oktober); 8-16 Uhr (November bis März); am 25. Dezember und an Thanksgiving (vierter Donnerstag im November) geschlossen.

Klima: Aufgrund der Höhenlage sind die Temperaturen im Bryce Canyon niedriger als in anderen Nationalparks in Utah und das Wandern ist selbst im Sommer angenehm. Die Temperaturen steigen auf bis zu 28 ˚C im Sommer und sinken auf bis zu -13 ˚C im Winter.
Anreise: Der nächstgelegene Flughafen ist Cedar City (ca. 130 km); es gibt jedoch mehr Flugverbindungen zu Flughäfen in Las Vegas (Nevada) und Salt Lake City (alle ca. 400-480 km). Ein Mietwagen wird empfohlen, da es keinen öffentlichen Transport direkt zum Park gibt.
Tipp: Von Mai bis Oktober nisten über 170 Vogelarten in der Gegend um Thors Hammer.

CANYON DE CHELLY, *Arizona, S. 16 f.*
Öffnungszeiten: Täglich (8-17 Uhr), ganzjährig, außer am 25. Dezember.
Klima: Die Temperaturen können im Sommer 38 ˚C erreichen und im Winter auf bis zu -7 ˚C sinken. Im Lauf eines Tages kann es zu erheblichen Temperaturschwankungen kommen.
Anreise: Die nächstgelegenen Flughäfen sind in Phoenix (ca. 640 km) und Albuquerque (ca. 370 km), wo es auch Mietautos gibt. Von Gallup (New Mexico) und Flagstaff (Arizona) aus fahren auch Züge und Busse.
Tipp: Der White House Trail ist der einzige Wanderweg, der ohne einen Navajo-Reisebegleiter begangen werden darf.

DEVILS TOWER, *Wyoming, S. 28 f.*
Öffnungszeiten: Täglich, ganzjährig, außer von November bis Mai, wenn das Besucherzentrum und der Campingplatz geschlossen sind. Im Juni sollte man das Klettern unterlassen, da die Indianer in dieser Zeit rund um den Berg heilige Zeremonien abhalten.
Klima: Im Sommer herrscht eine durchschnittliche Höchsttemperatur von 27 ˚C und es kann zu Gewittern kommen. Die durchschnittliche Tiefsttemperatur im Winter ist -13 ˚C.

Anreise: Die nächstgelegenen Flughäfen sind Gillette (ca. 75 km) und Rapid City (ca. 145 km). Am einfachsten reist man mit dem Auto an.
Tipp: Man kann die berühmte Durrance Route in 4-6 Stunden hochklettern und sich anschließend in 1-2 Stunden abseilen.

MAUNA KEA, *Hawaii, S. 32 f.*
Klima: Kühl und feucht, auch im Sommer. Auf dem Gipfel des Mauna Kea herrscht bei Tag und bei Nacht das ganze Jahr über eine Durchschnittstemperatur von 0 ˚C. Hier oben sind Windgeschwindigkeiten von 80-100 km/h möglich. Januar und Februar meidet man besser, da die Winterstürme bis zu 60 cm Schnee bringen können.
Anreise: Der nächstgelegene Flughafen ist der Kona International Airport (ca. 115 km vom Onizuka Visitor Center entfernt). Man sollte sich einer Führung anschließen oder einen Geländewagen mieten, da die Straße schmal und steil ist.
Tipp: Die meisten Besucher sehen sich den Vulkan bei Sonnenuntergang an.

PIPESTONE, *Minnesota, S. 38 f.*
Öffnungszeiten: Täglich, ganzjährig, außer an Thanksgiving, am 25. Dezember und 1. Januar.
Klima: Im Sommer für gewöhnlich warm, 16 ˚C bis 27 ˚C. Im Winter herrschen sehr niedrige Temperaturen von bis zu -18 ˚C. Teile des Wanderwegs sind dann wegen Schnee und Eis unbegehbar. Die beste Reisezeit ist von Mai bis September.
Anreise: Der nächstgelegene Flughafen ist der Sioux Falls Regional Airport (ca. 80 km), wo es auch Mietautos gibt.
Tipp: Ohne Genehmigung ist es nicht erlaubt, Steine mitzunehmen. Nur Indianer, die einem Stamm angehören, dürfen das Gestein abbauen.

SERPENT MOUND, *Ohio, S. 24 f.*
Öffnungszeiten: Täglich, ganzjährig, bei Tageslicht. Von März bis Oktober ist das Museum samstags und sonntags von 10-17 Uhr und im November und

Dezember samstags und sonntags von 10–16 Uhr geöffnet.

Klima: Im Sommer warm und angenehm bei durchschnittlich 21 °C. Die Winter sind kalt mit durchschnittlich -5 °C.

Anreise: Der nächstgelegene Flughafen ist der Port Columbus International Airport (ca. 170 km), wo es auch Mietautos gibt.

Tipp: Es gibt einen Aussichtsturm, von dem aus man die ganze Schlange sehen kann.

WRANGELL-ST.-ELIAS-NATIONALPARK, *Alaska, S. 36 f.*

Öffnungszeiten (Besucherzentrum): Oktober bis Mai, Montag bis Freitag von 8–16.30 Uhr; vom Memorial Day bis zum 12. September, täglich von 9–19 Uhr; 13. bis 30. September, täglich von 8–16.30 Uhr.

Klima: Kurze, warme Sommer (am heißesten ist es im Juni und Juli, mit Temperaturen über 27 °C) und lange, bitterkalte Winter (bis zu -40 °C). Die beste Reisezeit ist Anfang Juni bis Mitte September.

Anreise: Der nächstgelegene internationale Flughafen ist Anchorage (ca. 385 km). Von dort aus ist der Park eine Tagesreise mit dem Auto entfernt. Privatflugzeuge oder zugelassene Lufttaxis können von den Flughäfen Juneau und Anchorage aus die zahlreichen Landebahnen im Park anfliegen.

Tipp: Manchmal sieht man in dunklen Winternächten zwischen 0.00 und 2.00 Uhr die Nordlichter.

EUROPA
DEUTSCHLAND
AACHENER DOM, *Aachen, S. 56 f.*

Öffnungszeiten: Täglich, April bis Oktober (7–19 Uhr) und November bis März (7–18 Uhr).

Klima: Milde Sommer mit Temperaturen über 20 °C. Im Winter bis zu -7 °C, häufige Schneefälle.

Anreise: Die besten Verbindungen gibt es von den Flughäfen Düsseldorf (ca. 90 km) und Köln (ca. 80 km). Aachen erreicht man mit dem Auto oder den guten Bus- und Zugverbindungen.

Tipp: Den Thron Karls des Großen bekommt man nur in einer Führung durch den Dom zu sehen.

EXTERNSTEINE, *Teutoburger Wald, S. 72 f.*

Öffnungszeiten: Montag bis Mittwoch (10–12 und 15–16 Uhr), Donnerstag bis Samstag (10–12 Uhr), ganzjährig.

Klima: Von 10–20 °C im Sommer bis 0–4 °C im Winter. Ganzjährig häufige Regenfälle.

Anreise: Der nächstgelegene große Flughafen ist Paderborn. Von dort aus fahren regelmäßig Züge nach Detmold (ca. 45 km vom Flughafen entfernt). Von Detmold gelangt man mit einem Touristenbus zu den Steinen.

Tipp: Nur wenige Kilometer entfernt befindet sich das Hermannsdenkmal, ein deutsches Nationaldenkmal aus dem 19. Jahrhundert.

FINNLAND
DOM VON TURKU, *Turku, S. 89*

Öffnungszeiten: Täglich (9–19 Uhr), ganzjährig, im Sommer bis 20 Uhr.

Klima: Warme Sommer mit Temperaturen bis 30 °C. Kalte Winter, bis -5 °C, häufige Schneefälle.

Anreise: Die nächstgelegenen Flughäfen sind Turku (9 km) und Helsinki-Vantaa (175 km), mit guten Bus- und Zugverbindungen zum Dom.

Tipp: Dienstags gibt es abends meistens Livemusik im Dom und sonntags findet nachmittags ein Gottesdienst auf Englisch statt.

FRANKREICH
ABTEI SÉNANQUE, *Provence, S. 40 f.*

Öffnungszeiten: Täglich, ganzjährig. Die Klostergebäude kann man im Rahmen einer Führung betreten.

Klima: Das trockenste Wetter von ganz Frankreich mit durchschnittlich 300 Sonnentagen im Jahr. Die Temperaturen reichen von 29 °C im Sommer bis 3 °C im Winter.

Anreise: Der nächstgelegene Flughafen ist Avignon (4 km), wo es auch Mietautos gibt.

Tipp: Die Lavendelfelder rund um die Abtei blühen von Ende Juni bis Mitte Oktober.

CARNAC, *Bretagne, S. 52*

Öffnungszeiten: Täglich, ganzjährig. Manchmal, besonders im Sommer, ist der Zugang beschränkt, um die Bodenerosion zu verringern.

Klima: Warme Sommer und milde Winter mit Durchschnittstemperaturen von 25 °C bzw. 9 °C. Die meisten Touristen kommen im Juli und August. Ruhiger ist es im Frühling oder Herbst.

Anreise: Der nächstgelegene Flughafen ist St. Brieuc (ca. 110 km). Der nächste ganzjährig betriebene

Bahnhof ist in Auray (13 km). Es gibt auch gute Busverbindungen.

Tipp: Um alle Steine zu sehen, benötigt man zumindest einen halben Tag. Die Stätte lässt sich auch gut mit dem Fahrrad erkunden.

ROCAMADOUR, *Gourdon, S. 62 f.*

Öffnungszeiten: Täglich (9–19 Uhr), ganzjährig.

Klima: Warme Sommer und milde Winter mit Durchschnittstemperaturen von 20 °C bzw. 4 °C.

Anreise: Die nächstgelegenen Flughäfen sind Bergerac (ca. 100 km) und Toulouse (ca. 130 km), von wo aus Züge über Brive-la-Gaillarde nach Rocamadour fahren.

Tipp: Üblicherweise gibt es 3–5 Führungen pro Tag. Die Zeiten dafür ändern sich jedoch häufig und die aktuellen Termine sind am Eingang zur Stadt ausgehängt.

SAINTE-CHAPELLE, *Paris, S. 68 f.*

Öffnungszeiten: Täglich (9.30–18 Uhr), März bis Oktober; November bis Februar (9–17 Uhr). Am 25. Dezember, 1. Januar und 1. Mai geschlossen.

Klima: Warme Sommer (bis 27 °C) und kalte Winter (bis 1 °C).

Anreise: Der nächstgelegene Flughafen ist Paris Charles de Gaulle. Die Kapelle erreicht man von der Pariser Innenstadt aus mit Metro, Bus oder Auto.

Tipp: Mitte März bis Oktober finden hier abends oft klassische Konzerte statt.

GRIECHENLAND
KLOSTER ROUSANOU, *Metéora, S. 80 f.*

Öffnungszeiten: Täglich (9–13 Uhr, 15.30–18 Uhr), ganzjährig. Im Winter mittwochs geschlossen.

Klima: Trockene, heiße Sommer (bis 27 °C) und kalte Winter mit starken Schneefällen und Temperaturen unter dem Gefrierpunkt.

Anreise: Die nächstgelegenen Flughäfen sind Larisa, Kozani und Ioannina (alle 60–80 km), aber man erreicht auch vom Flughafen Athen aus mit Zug oder Bus (beide ca. 7 Stunden) Kalambaka, die Stadt am Fuß der Felsen. Zum Kloster kommt man per Taxi oder gemietetem Motorrad.

Tipp: Es gibt noch andere sehenswerte Felsenklöster in Metéora, z.B. Agia Triada, Varlaam und Megalo Meteoro.

GROSSBRITANNIEN

KING'S COLLEGE CHAPEL, *Cambridge, England, S. 58 f.*

Öffnungszeiten: 6. Oktober bis 4. Dezember, 12. Januar bis 12. März und 20. April bis 11. Juni, Montag bis Freitag (9.30–15.30 Uhr), Samstag (9.30–15.15 Uhr), Sonntag (13.15–14.15 Uhr). Restliches Jahr (Ferien): Montag bis Samstag (9.30–16.30 Uhr), Sonntag (10–17 Uhr).

Klima: Warme Sommer (durchschnittlich 21 °C) und regnerische, windige Winter (durchschnittlich 1 °C). Im Frühling und Herbst ist das Wetter oft sehr wechselhaft.

Anreise: Nach Cambridge gibt es von allen Flughäfen Londons aus gute Verbindungen. Züge fahren regelmäßig vom Bahnhof Kings Cross in London (ca. 45 Minuten). Vom Bahnhof in Cambridge fahren Busse zum College. Man kann auch Fahrräder ausleihen.

Tipp: Um den berühmten Chor zu hören, empfiehlt sich die Abendandacht: Montag bis Mittwoch, Freitag und Samstag um 17.30 Uhr, Sonntag um 15.30 Uhr (während des Semesters).

MORVERN, *nahe Kinloch, Schottland, S. 84 ff.*

Klima: Kühl und feucht, mit ergiebigen Regenfällen. Durchschnittliche Jahrestemperatur: 9 °C.

Anreise: Die nächstgelegenen Flughäfen sind Edinburgh und Glasgow. Von beiden Städten erreicht man Morvern in wenigen Stunden per Zug oder Bus bzw. am einfachsten mit dem Auto.

Tipp: Der Loch Teacuis in Morvern ist perfekt geeignet für Outdoor-Aktivitäten wie Wandern, Bergsteigen oder Mountainbiking.

RING VON BRODGAR, *Orkney, Schottland, S. 53*

Klima: Böige, kühle Sommer (durchschnittlich 12 °C) und windige, kalte Winter (durchschnittlich 4 °C). Die beste Reisezeit ist von April bis Oktober.

Anreise: Der nächstgelegene Flughafen ist Kirkwall (26 km). Man kann auch mit dem Zug von Inverness nach Thurso fahren und von dort mit dem Bus nach Scrabster zur Orkney-Fähre. Oder man fährt per Zug nach Aberdeen und besteigt dort die Fähre.

Tipp: Die meisten Besucher kommen bei Sonnenuntergang zum Ring. Wer Menschenmengen vermeiden möchte, sollte früher dort sein.

ST. PETER-ON-THE-WALL, *Essex, England, S. 54 f.*

Klima: Warme Sommer (durchschnittlich 21 °C) und regnerische, windige Winter (durchschnittlich 1 °C). Im Frühling und Herbst ist das Wetter oft sehr wechselhaft.

Anreise: Essex ist von allen Londoner Flughäfen gut zu erreichen. Der nächstgelegene Bahnhof ist Southminster (11 km). Von dort aus fährt man mit dem Auto. Vom Parkplatz zur Kapelle sind es noch ca. 15–20 Minuten zu Fuß.

Tipp: Die Bradwell-Pilgerreise findet jeden ersten Samstag im Juli statt. Hunderte Menschen pilgern dann von der St. Thomas Church in Bradwell zur Kirche St. Peter-on-the-Wall, wo es ein Picknick und eine Messe im Freien gibt.

WHITE HORSE HILL, *Uffington, England, S. 42*

Klima: Warme Sommer (durchschnittlich 21 °C) und feuchte, manchmal neblige Winter (durchschnittlich 1 °C). Die beste Reisezeit ist im Sommer, da es am Hügel im Winter sehr windig ist.

Anreise: Die nächstgelegenen Flughäfen sind Bristol (ca. 100 km) und London Heathrow (ca. 110 km). Der nächste Bahnhof ist in Swindon. Von beiden Flughäfen gibt es gute Zugverbindungen. Die Stätte ist per Auto, Fahrrad oder Bus erreichbar. Busse fahren von Faringdon, Wantage und Swindon und halten ca. 200 Meter vom Hügel entfernt.

Tipp: Wenn man kein Flugzeug chartert, bietet sich die beste Aussicht ca. 2,4 km nördlich der Stätte oder vom benachbarten Dragon Hill.

WISTMAN'S WOOD, *Devon, England, S. 92 ff.*

Klima: Gemäßigt, doch mit unberechenbarem Wetter, sogar im Sommer. Durchschnittstemperaturen: 21 °C im Sommer, 1 °C im Winter.

Anreise: Der nächstgelegene Flughafen ist Exeter (ca. 56 km). Der nächste Bahnhof ist Newton Abbot (25 km). Es fahren auch Busse rund um den Dartmoor-Nationalpark, aber nicht regelmäßig. Am besten fährt man mit dem Auto. Vom Parkplatz des Two Bridges Hotel bei Princetown erreicht man den Wald zu Fuß in 25 Minuten.

Tipp: Die beste Zeit, um die Vögel des Moores zu beobachten, ist von Mitte April bis August.

IRLAND

CROAGH PATRICK, *County Mayo, S. 64 f.*

Öffnungszeiten (Touristeninformation): Täglich, April bis Mai (10–18 Uhr); Juni bis August (10–19 Uhr); September bis Oktober (11–17 Uhr). Von November bis März eingeschränkte Öffnungszeiten.

Klima: Wechselhaftes, frostiges Wetter mit teils starken Regenfällen. Temperaturen von 10–17 °C im Sommer und 3–8 °C im Winter. Die beste Zeit zum Bergsteigen: April bis September.

Anreise: Der nächstgelegene Flughafen ist Knock International Airport. Von dort erreicht man den Berg mit dem Auto in 45 Minuten. Von außerhalb Europas fliegt man am besten nach Shannon oder Dublin und fährt dann mit Bus oder Zug nach Westport.

Tipp: Zum Gipfel benötigt man ca. 2 Stunden, der Abstieg dauert etwa 1½ Stunden.

ISLAND

GOÐAFOSS WASSERFALL, *Mývatn, S. 48 f.*

Klima: Sonnige, trockene Sommer und kühle, windige Winter mit durchschnittlichen Temperaturen von 10 °C bzw. 0 °C.

Anreise: Der nächstgelegene Flughafen ist Akureyri (ca. 100 km). Die Wasserfälle befinden sich im Fluss Skjálfandafljót. Busse fahren von Akureyri, Husavik und Egilsstadir ins nahegelegene Mývatn, wo es Führungen zu den Wasserfällen gibt.

Tipp: Auch der See Ljósavatn neben den Fällen ist einen Abstecher wert.

ITALIEN

BASILIKA SAN FRANCESCO, *Assisi, S. 96 f.*

Öffnungszeiten: Täglich. Unterkirche 6–19 Uhr; Oberkirche 8.30–19 Uhr, im Winter bis 18 Uhr.

Klima: Heiße, trockene Sommer und kalte Winter. Temperaturen von 18–28 °C im Sommer und 1–7 °C im Winter.

Anreise: Der nächstgelegene Flughafen ist Perugia, aber die meisten internationalen Flüge gehen über den Flughafen Roma-Fiumicino. Nach Assisi kommt man von Perugia mit dem Bus (1 Stunde) und von Rom mit Bus oder Zug (bis zu 2 Stunden).

Tipp: Touristische Besichtigungen während der Sonntagsmesse sind nicht gern gesehen.

DIE BASILIKA SANTA MARIA ASSUNTA,

Torcello, Venedig, S. 44 ff.

Öffnungszeiten: Von Ostern bis St. Gratus (7. September): Montag bis Samstag (6.30–20 Uhr), Sonn- und Feiertage (7–20 Uhr);
Vom 8. September bis Ostern: Montag bis Samstag (6.30–12 und 15–19 Uhr), Sonn- und Feiertage (7–12 und 15–19 Uhr).

Klima: Heiß und feucht im Sommer, besonders im Juli und August, mit Durchschnittstemperaturen von 17–27 °C. Im Winter durchschnittlich 6–10 °C, gelegentlich bis zu -3 °C.

Anreise: Der nächstgelegene Flughafen ist Venedig-Marco Polo. Aus den meisten italienischen Städten gibt es auch Zugverbindungen nach Venedig. Torcello erreicht man mit dem Vaporetto von Fondamenta Nuove oder San Marco aus, die auf der Hauptinsel Venedig liegen.

Tipp: Von März bis Oktober ist der Glockenturm der Kathedrale zugänglich und bietet einen schönen Ausblick über die Lagune.

MONTALCINO UND DIE ABTEI VON

SANT'ANTIMO, *Toskana, S. 100 ff.*

Öffnungszeiten (Abtei): Montag bis Samstag (10.15–12.30 und 15–18.30 Uhr); Sonn- und Feiertage (9.15–10.45 und 15–18 Uhr). Besuche sind nur außerhalb der Gottesdienste gestattet.

Klima: Heiße, windige Sommer (bis 38 °C) und kühle Winter (bis -6 °C) mit einigen Schneefällen. Die beste Reisezeit ist im Frühling und Sommer.

Anreise: Die nächstgelegenen Flughäfen sind in Pisa (ca. 150 km) und Florenz (ca. 110 km). Von beiden Flughäfen gibt es gute Zugverbindungen nach Chiusi, dem nächstgelegenen Bahnhof von Montalcino. Die Straßen in der Toskana sind im Allgemeinen gut und die Anreise per Auto ist eine der besten Möglichkeiten.

Tipp: Montalcino ist berühmt für den Wein Brunello di Montalcino. Es gibt ihn in den Bars und Restaurants im Ort oder in den Weingärten der Region.

NIEDERLANDE

OUDE KERK, *Amsterdam, S. 50 f.*

Öffnungszeiten: Montag bis Samstag (11–17 Uhr), Sonntag (13–17 Uhr). Geschlossen am 30. April (Königinnentag), 25. Dezember und 1. Januar.

Klima: Warme, feuchte Sommer (11–25 °C) und kalte, unberechenbare Winter (1–7 °C).

Anreise: Der nächstgelegene Flughafen ist Schiphol in Amsterdam. Die Kirche erreicht man mit Bus oder Straßenbahn.

Tipp: Es gibt stündlich eine Führung auf den Kirchturm, von dem man Amsterdams Altstadt überblicken kann.

NORWEGEN

AURORA BOREALIS, *S. 78 f.*

Beste Zeit: Im September und Oktober sowie im März und April tauchen die Lichter am ehesten auf. Man sieht sie am besten am frühen Abend und nachts, wenn es nicht zu bewölkt ist.

Wo: In verschiedenen Gegenden im Norden der Nordhalbkugel, z. B. Norwegen, Grönland, Island, Kanada, Alaska und Russland. Zu den besten Beobachtungsplätzen gehören die Küsten der norwegischen Provinzen Troms und Finnmark, besonders das Nordkap.

Anreise: Über Flughäfen im Norden Norwegens, wie Tromsø, Kirkenes und Alta. Mit dem Zug Richtung Norden auf der Nordlandbahn zwischen Trondheim und Bodø. Es gibt auch Fähren, Boote und Busse.

FELSZEICHNUNGEN VON ALTA, *Finnmark, S. 43*

Öffnungszeiten: Oktober bis April, Montag bis Freitag (8–15 Uhr), Samstag und Sonntag (11–16 Uhr); im März täglich (8–17 Uhr); Juni bis August täglich (8–20 Uhr); September täglich (8–17 Uhr). Geschlossen am 1. Januar, 9. bis 12. April, 1. Mai, 17. Mai, 24. bis 26. Dezember und 31. Dezember.

Klima: Kühle Sommer (10–14 °C). Im Winter unter dem Gefrierpunkt (-7 bis -2 °C).

Anreise: Der nächstgelegene Flughafen ist Alta (8 km). Von Alta fahren regelmäßig Busse zur Stätte. Man kann auch Mietautos ausleihen.

Tipp: In Alta gibt es 45 verschiedene Stellen mit Petroglyphen. Die meisten davon sind über Holzstege zugänglich.

PORTUGAL

ABTEI VON ALCOBAÇA, *Alcobaça, S. 98 f.*

Öffnungszeiten: Täglich, April bis September (9–19 Uhr), Oktober bis März (9–17 Uhr).

Klima: Warme Sommer mit Temperaturen über 20 °C. Milde Winter, selten unter 10 °C.

Anreise: Der nächstgelegene Flughafen ist Lissabon-Portela. Aus Lissabon fahren Busse nach Alcobaça (ca. 2 Stunden Fahrt). Man kann auch mit dem Zug von Lissabon nach Valado dos Frades fahren und von dort aus die restlichen 5 km nach Alcobaça mit dem Bus zurücklegen.

Tipp: Besonders sehenswert sind die kunstvoll gestalteten Gräber von König Pedro I. und Inês de Castro im Querschiff des Klosters.

CONVENTO DE CRISTO, *Tomar, S. 82 f.*

Öffnungszeiten: Täglich, Juni bis September (9–18 Uhr), Oktober bis Mai (9–12.30 und 14–17 Uhr).

Klima: Warme Sommer mit Temperaturen über 20 °C. Milde Winter, selten unter 10 °C.

Anreise: Der nächstgelegene Flughafen ist Lissabon-Portela (120 km). Von Lissabon fahren täglich Züge nach Tomar. Die Kirche ist auch mit dem Auto gut zu erreichen.

Tipp: Besonders sehenswert sind die Verzierungen am Kircheneingang, an der Rotunde („charola") und am Westfenster des Kapitelhauses.

RUSSLAND

KLOSTER WALAAM, *Walaam, S. 70*

Öffnungszeiten: Unterschiedlich. Besucher werden gebeten, vor der Reise bei dem Zentrum für Pilgerreisen in das Kloster in St. Petersburg (Tel.: 007 812 186 99 23; Fax: 007 812 252 77 00) oder Walaam (Tel.: 007 814 303 82 33) einen Termin zu vereinbaren.

Klima: Durch das Mikroklima auf Walaam ist es hier wärmer als im umliegenden Gebiet. Durchschnittstemperatur im Sommer (Juni bis September): 17 °C. Im Winter (November bis März) bis zu -8 °C.

Anreise: Der nächstgelegene Flughafen ist Petrozavodsk. Von dort reist man weiter zu einer der karelischen Städte Sortawala, Lachdenpochja und Pitkjaranta, von denen aus man Walaam mit dem Boot erreichen kann. Man kann auch eine Kreuzfahrt von St. Petersburg oder Moskau aus machen. Die Schiffe verkehren jedoch nur von Mai bis Oktober.

Tipp: Auf Walaam und den anderen Inseln kann man noch zehn andere Klausen besuchen. Manche davon sind bewohnt, andere stehen leer.

SCHWEDEN

ALT-UPPSALA, *Uppsala, S. 88*

Öffnungszeiten (Kirche): Täglich, April bis September (9–18 Uhr); Oktober bis März (9–16 Uhr). **(Museum):** Mai bis August täglich (11–17 Uhr); September bis April: Mittwoch, Samstag und Sonntag (12–15 Uhr). Die Hügelgräber können ganzjährig besucht werden.

Klima: Kühle Sommer mit max. 16 ˚C und kalte Winter mit bis zu -5 ˚C. Die beste Reisezeit ist von Mai bis September.

Anreise: Der nächstgelegene Flughafen ist Stockholm, von wo aus es gute Bus- und Zugverbindungen nach Uppsala gibt (ca. 40 Minuten). Zur Kirche gelangt man dann zu Fuß oder mit dem Fahrrad oder man fährt mit dem Bus bis Vaksalagatan.

Tipp: Im Gamla Uppsala Museum gibt es Ausstellungen über die Mythen und Rituale, die mit der Stätte in Verbindung gebracht werden.

SCHWEIZ

CAPLUTTA SOGN BENEDETG,

Sumvitg, S. 90 f.

Öffnungszeiten: Montag bis Samstag, ganzjährig.

Klima: Milde Sommer bis max. 18 ˚C und kalte Winter mit nur um -1 ˚C.

Anreise: Der nächstgelegene Flughafen ist Zürich. Von dort fahren Züge nach Sumvitg (ca. 2½–3 Stunden, in Chur umsteigen). Die Kapelle liegt 1 Kilometer außerhalb von Sumvitg. Eine steile Straße führt zur Kapelle hinauf.

Tipp: Die Therme Vals, ein weiteres eindrucksvolles Gebäude des Architekten Peter Zumthor, liegt eine zweistündige Autofahrt von Sumvitg entfernt.

SPANIEN

SANTIAGO DE COMPOSTELA, *Galicien, S. 74 ff.*

Öffnungszeiten: Täglich (7–21 Uhr), ganzjährig.

Klima: Warme Sommer (18–20 ˚C) und milde Winter (8–10 ˚C).

Anreise: Der nächstgelegene Flughafen ist Lavacolla (11 km). Von dort aus gelangt man mit Bus, Zug oder einem Mietwagen nach Santiago. Von Madrid fahren auch Nachtzüge und -busse nach Santiago.

Tipp: Der traditionelle Pilgerweg nach Santiago de Compostela, der „Jakobsweg", ist eine wochenlange Wanderung. Die beliebtesten Routen sind der „Camino Francés" („französischer Weg"), der auf der französischen Seite der Pyrenäen oder in Jaca oder Roncesvalles auf der spanischen Seite beginnt, und der „Camino Portugues" („portugiesischer Weg"), der in Porto in Portugal beginnt.

TALATÍ DE DALT, *Menorca, S. 60 f.*

Klima: Warme Sommer (20–30 ˚C) und milde, mäßig feuchte Winter mit durchschnittlich 10 ˚C. Die beste Reisezeit ist im Frühling: Es ist ruhiger und das Wetter ist genauso schön.

Anreise: Der nächstgelegene Flughafen ist Menorca (4 km). Von dort fährt man mit dem Bus oder einem Mietwagen ins nahegelegene Mahón (Maó). Mahón erreicht man auch per Fähre von Alcudia oder Palma de Mallorca.

Tipp: Einige Kilometer entfernt liegt Monte El Toro, der höchste Punkt der Insel. Neben der tollen Aussicht gibt es hier auch ein Kloster aus dem 16. Jahrhundert.

TSCHECHISCHE REPUBLIK

WALLFAHRTSKIRCHE DES HL. JOHANNES VON NEPOMUK, *Zelená Hora, S. 71*

Öffnungszeiten: Täglich (9–17 Uhr), Mai bis September, außer Montag; April bis Oktober nur an Samstagen, Sonn- und Feiertagen (9–17 Uhr).

Klima: Gemäßigt, mit milden Sommern und kalten Wintern. Durchschnittlich 19 ˚C im Sommer und -1 ˚C im Winter.

Anreise: Der nächstgelegene Flughafen ist Kolin (9 km). Von Kolin und Prag fahren Züge nach Kutná Hora město (1 km), Kutná Hora předměstí (1 km) oder Kutná Hora-Sedlec (2 km). Von diesen Bahnhöfen gelangt man mit dem Bus oder zu Fuß zur Kirche.

Tipp: In der Sommerhitze sieht man sich die Kirchenfassade am besten auf einem Rundgang durch die sonnengeschützten Kreuzgänge an.

AFRIKA UND NAHER OSTEN

ARMENIEN

KLOSTER CHOR VIRAP, *Provinz Ararat, S. 132 f.*

Öffnungszeiten: Täglich, ganzjährig.

Klima: Wechselhaftes Wetter mit sehr heißen Sommern (Juni bis Mitte September, 30–35 ˚C). Im Winter Temperaturen unter dem Gefrierpunkt (November bis April, bis zu -30 ˚C). Die beste Reisezeit ist zwischen April und Oktober.

Anreise: Der nächstgelegene Flughafen ist Eriwan (ca. 30 km). Täglich fahren „Marschrutkas" (Kleinbus-Sammeltaxis) und Busse von Eriwan nach Chor Virap (Fahrt ca. 45 Minuten). Am Flughafen kann man sich auch Mietautos ausleihen.

Tipp: In die Grube unter der St.-Georgs-Kapelle steigt man am besten mit festen Schuhen.

ÄGYPTEN

BERG SINAI, *Sinai-Halbinsel, S. 108 f.*

Klima: Heißes, trockenes Wetter fast das ganze Jahr über. Durchschnittliche Temperaturen tagsüber: 25–30 ˚C, nachts: 10–12 ˚C.

Anreise: Der nächstgelegene Flughafen ist Sharm El Sheikh (ca. 90 km). Zum Berg Sinai gelangt man nur mit einem Fahrzeug. Vom Flughafen bis zum Berg beträgt die Fahrtzeit ca. 3 Stunden.

Tipp: Um etwa 1 Uhr morgens ankommen und bis zum Sonnenaufgang am Gipfel sein.

ÄTHIOPIEN

LALIBELA, *Nord-Wollo, S. 116 ff.*

Öffnungszeiten: Täglich (8–12 und 14–17 Uhr), ganzjährig. Auf die Öffnungszeiten ist jedoch nicht immer Verlass.

Klima: Trockenzeit von Oktober bis Mai; Regenzeit von Juni bis September. Durchschnittstemperatur ziemlich gleichbleibend 25 ˚C. Die beste Reisezeit ist von Oktober bis März.

Anreise: Der nächstgelegene Flughafen ist in Lalibela. Von Addis Abeba aus fahren täglich Busse (ca. 640 km) und man kann sich dort auch ein Auto mit einheimischem Fahrer mieten.

Tipp: Taschenlampen mitnehmen, um das Innere der Felsenkirchen besser sehen zu können.

BOTSUANA

MAKGADIKGADI-SALZPFANNEN,

Makgadikgadi, S. 140 ff.

Klima: Trockenzeit von Ende April bis Anfang November (durchschnittlich 25 ˚C); Regenzeit von November bis März (durchschnittlich 30 ˚C). Die beste Reisezeit ist während der Trockenzeit.

Anreise: Der nächste Flughafen ist Maun (ca. 195 km), wo man auch Geländewägen mieten kann.

Tipp: Die meisten Camps sind während der Regenzeit geschlossen und Fahrzeuge können im

Schlamm steckenbleiben. Auf einer Flugsafari kann man sich die Salzpfannen aber auch zu dieser Zeit ansehen.

IRAN

IMAM-REZA-SCHREIN, *Maschhad, S. 138 f.*
Öffnungszeiten: Täglich, ganzjährig.
Klima: Milde Sommer (Juni bis August, durchschnittlich 24 °C) und kalte Winter (Dezember bis Februar, durchschnittlich 3 °C).
Anreise: Der nächstgelegene Flughafen ist Maschhad. Von Teheran gelangt man mit dem Zug in 10–14 Stunden nach Maschhad.
Tipp: Zurückhaltende Kleidung wird empfohlen. Frauen müssen stets ein Kopftuch tragen.

SCHEICH-LOTFOLLAH-MOSCHEE, *Isfahan, S. 145*
Öffnungszeiten: Montag bis Donnerstag sowie Samstag und Sonntag (9–21 Uhr), doch auf die Öffnungszeiten ist nicht immer Verlass.
Klima: Extrem heiße Sommer (Juni bis August), mit bis zu 40 °C; meist milde Winter (Dezember bis Februar), mit Temperaturen manchmal unter dem Gefrierpunkt. Beste Reisezeit: September bis November oder März bis Mai, wenn die Durchschnittstemperatur 21 °C beträgt.
Anreise: Der nächstgelegene Flughafen ist Isfahan (20 km). Von dort ist die Moschee nur eine kurze Taxifahrt entfernt. Von Teheran gelangt man auch mit dem Zug nach Isfahan.
Tipp: Zurückhaltende Kleidung wird empfohlen. Frauen müssen stets ein Kopftuch tragen.

ISRAEL

TEMPELBERG, *Jerusalem, S. 120 f.*
Öffnungszeiten: Sonntag bis Donnerstag (7.30–10 und 12.30–13.30 Uhr). An religiösen Feiertagen geschlossen.
Klima: Heiße Sommer (Juni bis August, 31 °C) und milde Winter mit etwas Regen (Dezember bis Februar, 5 °C). Die beste Reisezeit ist im Frühling und Herbst.
Anreise: Der nächstgelegene Flughafen ist Ben-Gurion (ca. 55 km). Von den großen Städten in Israel gibt es gute Bus- und Zugverbindungen nach Jerusalem. In der Stadt ist man gut mit Bus oder Taxi unterwegs. Am Sabbat (Samstag) fahren

keine öffentlichen Verkehrsmittel, aber es stehen Sammeltaxis zur Verfügung.
Tipp: Am Tempelberg sollte man nichtmuslimische religiöse Gegenstände wie Rosenkränze und Bibeln verborgen halten.

JORDANIEN

PETRA, *Arava, S. 134 ff.*
Öffnungszeiten: Täglich, von ca. 6–17 Uhr (schließt bei Sonnenuntergang), ganzjährig.
Klima: Generell heiß und trocken, kaum Regen. Große Hitze zwischen Juni und September (durchschnittlich 32 °C). Beste Reisezeit: Mitte Januar bis Mai, wenn mildere Temperaturen herrschen (durchschnittlich 13 °C).
Anreise: Der nächstgelegene Flughafen ist Queen Alia (ca. 275 km) nahe Amman. Von dort geht es mit dem Taxi nach Amman und dann mit dem Bus vom Wahdat-Busbahnhof nach Arava.
Tipp: Ein Pferd leihen und nach Petra reiten.

MALI

GROSSE MOSCHEE, *Djenné, S. 104 f.*
Öffnungszeiten: Täglich, ganzjährig. Nur Muslime dürfen die Moschee betreten.
Klima: Heißes Wüstenklima mit einer Regenzeit im Juli und August. Jahresdurchschnittstemperaturen von 13 °C bis 30 °C. Die beste Reisezeit ist von November bis Februar.
Anreise: Der nächste Flughafen ist Bamako (ca. 400 km). Von dort aus gelangt man per Bus oder Inlandsflug nach Mopti. Wenn die Flüsse genug Wasser führen, kann man mit einer „Pinasse" (traditionelles Boot) von Mopti nach Djenné fahren.
Tipp: Beste Aussicht auf die Moschee bieten die Dächer der umliegenden Häuser oder der Markt.

SCHREINE DER DOGON, *Bandiagara, S. 126 ff.*
Klima: Ganzjährig heißes Wüstenklima. Durchschnittstemperaturen von 16 °C bis 39 °C. Beste Reisezeit: September bis November.
Anreise: Der nächstgelegene Flughafen ist Bamako (ca. 640 km). Von dort gelangt man per Bus oder Inlandsflug nach Mopti. Dann per Taxi oder Bus weiter nach Bandiagara (ca. 2 Stunden).
Tipp: Mit einem einheimischen Dogon-Reiseführer die Dörfer und Schreine erkunden.

MAROKKO

MEDERSA BEN YOUSSEF, *Marrakesch, S. 144*
Öffnungszeiten: Täglich, April bis September (9–19 Uhr); Oktober bis März (9–18 Uhr).
Klima: Trocken, mit heißen Sommern (Juni bis August, 17–38 °C) und kühlen Wintern (November bis März, 4–18 °C). Beste Reisezeit: März bis Juni und September bis Dezember.
Anreise: Der nächstgelegene Flughafen ist Marrakesch-Menara (6 km). Von dort gelangt man mit dem Airport-Express-Bus, einem Taxi oder einem Mietwagen in die Stadt. Aus Casablanca, Rabat oder Tangier fahren Züge nach Marrakesch.
Tipp: Es sind viele Reisegruppen unterwegs. Mittags oder spät am Nachmittag ist es ruhiger.

SAUDI-ARABIEN

MEKKA, *Mekka, S. 130 f.*
Öffnungszeiten: Kein Zugang für Nichtmuslime. Für Muslime ganzjährig geöffnet.
Klima: Trockenes Wüstenklima mit warmen Wintern und kaum Regen. Im Sommer (Juni bis August) durchschnittliche Höchsttemperatur 37 °C. Im Winter (Dezember bis März) über 3 °C. Die beste Reisezeit ist der Winter, da die Temperaturen dann angenehmer sind.
Anreise: Der nächstgelegene Flughafen ist der King Abdul Aziz. Man kann auch mit der Fähre anreisen. Flughafen und Hafen liegen beide in Dschidda (ca. 70 km). Von dort erreicht man Mekka per Bus, Privatauto oder Taxi. Frauen dürfen kein Fahrzeug lenken.
Tipp: Muslime müssen erst den Hadsch oder die Umra (einen der beiden Pilgerwege) vollziehen, bevor sie Mekka betreten dürfen.

SIMBABWE

MATOPO-GEBIRGE, *nahe Bulawayo, S. 124 f.*
Klima: Trockenzeit von Ende April bis Anfang November (durchschnittlich 7–29 °C); Regenzeit von November bis März (16–28 °C). Beste Reisezeit: April und Mai oder August und September.
Anreise: Der nächstgelegene Flughafen ist Bulawayo (ca. 30 km). In der Regenzeit benötigt man einen Geländewagen.
Tipp: Auf organisierten Ausritten bzw. Pferdesafaris den Matobo-Nationalpark entdecken.

SUDAN

PYRAMIDEN VON MEROE, *Meroe, S. 122 f.*

Klima: Heiße, trockene Sommer (Juni bis August, durchschnittlich 16–31 °C) und warme Winter (November bis März, 16–28 °C). Die beste Reisezeit ist von Dezember bis Februar.

Anreise: Der nächstgelegene Flughafen ist Khartoum (ca. 100 km). Von Khartoum fahren Züge nach Shendi, von wo die Pyramiden nur eine kurze Taxifahrt entfernt sind.

Tipp: Um die Pyramiden besuchen zu dürfen, benötigt man eine besondere Genehmigung von der Altertümerverwaltung in Khartoum.

SYRIEN

UMAYYADEN-MOSCHEE, *Damaskus, S. 110*

Öffnungszeiten: Ganzjährig täglich geöffnet, keine festen Besuchszeiten.

Klima: Trockene, heiße Sommer (Juni bis August, bis zu 38 °C) und kalte Winter, manchmal Schnee (Dezember bis Februar, nicht unter 0 °C). Mäßiger Temperaturunterschied zwischen Tag und Nacht.

Anreise: Der nächstgelegene Flughafen ist Damaskus. Von dort ist die Moschee nur eine kurze Fahrt mit Bus oder Taxi entfernt.

Tipp: Schuhe vor Betreten der Moschee ausziehen. Während der Gebete schweigen. Zurückhaltende Kleidung tragen. Für Frauen gilt Kopftuchpflicht.

TÜRKEI

HAGIA SOPHIA, *Istanbul, S. 114 f.*

Öffnungszeiten: Dienstag bis Sonntag (9–16.30 Uhr).

Klima: Heiße, trockene Sommer (Juni bis September, 16–28 °C) und milde, regnerische Winter (November bis April, 2–11 °C). Die beste Reisezeit ist von April bis Oktober.

Anreise: Der nächstgelegene Flughafen ist Istanbul-Atatürk (20 km). Nach Istanbul gelangt man auch mit öffentlichen Zügen oder dem privaten Orient-Express (aus Ungarn, Rumänien, Griechenland und Bulgarien). In der Stadt gibt es Busse, Straßenbahnen, Taxis, die U-Bahn und die Möglichkeit, Mietautos zu leihen.

Tipp: Gleich gegenüber der Hagia Sophia steht die Sultan-Ahmed-Moschee („Blaue Moschee") aus dem 17. Jahrhundert.

WESTJORDANLAND

BETLEHEM, *Stadt Betlehem, S. 106 f.*

Öffnungszeiten: Die Geburtskirche ist täglich geöffnet. (Sommer: 6.30–12 Uhr und 14–19.30 Uhr; Winter: 5.30–12 und 14–17 Uhr). Sonntagmorgens sind die Grotten für Touristen geschlossen. Das Grab der Rachel ist immer zugänglich, außer Sonntag bis Dienstag von 10.30–13.30 Uhr, am Sabbat (Samstag) und an Feiertagen.

Klima: Heiße, trockene Sommer (Juni bis August, 26–30 °C) und kühle Winter mit etwas Regen (Dezember bis Februar, 9–18 °C). Die beste Reisezeit ist im Frühling oder Herbst.

Anreise: Der nächstgelegene Flughafen ist Ben-Gurion (ca. 60 km). Vom Damaskustor in Jerusalem gelangt man per Bus oder Taxi nach Betlehem (ca. 40 Minuten).

Tipp: Auf den Straßen aus Richtung Jerusalem gibt es oft strenge Grenzkontrollen.

ASIEN

BHUTAN

KLOSTER TAKTSANG, *Paro, S. 150 f.*

Öffnungszeiten: Unterschiedlich. Vor Reiseantritt sollte man sich bei der Touristeninformation der Regierung Bhutans erkundigen.

Klima: Gemäßigt. Im Sommer (Juni bis August) durchschnittlich 15–25 °C, im Winter (Ende Dezember bis Mitte Februar) 3–13 °C. Beste Reisezeit: März bis Mai oder September bis November.

Anreise: Der nächstgelegene Flughafen ist Paro. Von dort gelangt man mit dem Auto zum Parkplatz am Fuß des Hanges (ca. 20 Minuten). Das Kloster erreicht man zu Fuß (2–3 Stunden) oder auf einem Maultier (2 Stunden).

Tipp: Fotografieren ist im Kloster nicht gestattet. Das Betreten ist nur ohne Schuhe erlaubt.

CHINA

HIMMELSTEMPEL, *Peking, S. 197*

Öffnungszeiten: Täglich, 5–21.30 Uhr im Sommer, 6–20 Uhr im Winter.

Klima: Heiße, regnerische Sommer (Juni bis August, 18–31 °C) und kalte, trockene Winter (Dezember bis März, -10–4 °C). Im Juli und August regnet es am häufigsten. Beste Reisezeit: September bis Oktober oder März bis Mitte Mai.

Anreise: Der nächstgelegene Flughafen ist Peking (ca. 30 km). Mit Bus und U-Bahn gelangt man fast bis zum Tempel. Man kann auch ein Taxi nehmen oder ein Fahrrad leihen bzw. ein Auto mit einheimischem Fahrer.

Tipp: Beim Südtor („nan men") beginnen und den Rundgang mit der Halle der Ernteopfer beschließen.

PAGODENWALD, *Shaolin, S. 185*

Öffnungszeiten: Täglich (8–17.30 Uhr), ganzjährig.

Klima: Heiße, feuchte Sommer (Juni bis August, durchschnittlich bis 29 °C), meist milde Winter (Dezember bis März, durchschnittliche Tiefsttemperatur: -3 °C). In der Regenzeit (Mai bis Oktober) kann es Taifune geben, die Reise daher besser außerhalb dieser Zeit planen.

Anreise: Der nächste Flughafen ist Zhengzhou. Von dort fährt ein Bus zum Shaolinkloster (ca. 3 Stunden, umsteigen in Dengfeng). Zum Wald geht es 200 Meter zu Fuß bergaufwärts.

Tipp: Auch das Shaolinkloster ist sehenswert.

TAI SHAN, *Shandong, S. 196*

Klima: Gemäßigtes Monsunklima um den Berg. Im Sommer (Mai bis Juli) bis 26 °C und im Winter (November bis Januar) bis -5 °C. Am Gipfel ist es das ganze Jahr über kalt, mit Temperaturen um den Gefrierpunkt. Beste Zeit: April bis November.

Anreise: Der nächstgelegene Flughafen ist Jinan Yaoqiang (ca. 140 km). Von dort kommt man mit dem Flughafenbus oder Zug in die Stadt Tai'an. Von Tai'an fahren Busse und Taxis zum Berg.

Tipp: Auf der beliebten Ostroute erreicht man den Gipfel in ca. 4 Stunden.

YUNGANG-GROTTEN, *Shanxi, S. 174 f.*

Öffnungszeiten: Täglich (8–17 Uhr), ganzjährig.

Klima: Kalt und trocken mit viel Regen und gelegentlichen Sandstürmen. Im Sommer (Juni bis August) bis 26 °C, im Winter (Dezember bis März) unter 0 °C. Beste Reisezeit: Mai bis Oktober.

Anreise: Der nächstgelegene Flughafen ist Datong (ca. 16 km außerhalb der Stadt Datong). Aus der Stadt führt eine kurze Bus- oder Taxifahrt zu den Grotten.

Tipp: Fotografieren ist in den Grotten verboten.

INDIEN

BODHI-BAUM, *Bihar, S. 172 f.*

Öffnungszeiten: Der Mahabodhi-Tempel ist täglich geöffnet (5–21 Uhr).

Klima: Extrem heiße Sommer (April bis Mitte Juni, durchschnittliche Höchsttemperatur 47 °C) und kalte Winter (Dezember und Januar, durchschnittliche Tiefsttemperatur 4 °C). Regenzeit von Juni bis September. Beste Reisezeit: Oktober und November oder Februar und März.

Anreise: Der nächstgelegene Flughafen ist Patna (ca. 105 km). Von dort geht es mit Bus oder Zug nach Gaya, dann ist Bodhgaya nur noch eine kurze Bus- oder Taxifahrt entfernt. Es gibt auch gute Zugverbindungen von Gaya nach Varanasi, Neu-Delhi, Kolkata und Puri.

Tipp: Das größte Fest in Bodhgaya ist Buddhas Geburtstag („Buddha Jayanti") im Mai.

GOLDENER TEMPEL, *Amritsar, S. 202 ff.*

Öffnungszeiten: Täglich, im Sommer von 7.30–19.30 Uhr, im Winter von 8–19 Uhr.

Klima: Im Sommer (April bis Juni) bis 43 °C; in der Regenzeit (Juli bis September) beträgt der durchschnittliche jährliche Niederschlag 46–96 cm; im Winter (Oktober bis März) bis 4 °C. Beste Reisezeit: zwischen November und März.

Anreise: Der nächstgelegene Flughafen ist Amritsar. Von dort aus ist es eine kurze Bus- oder Taxifahrt zum Tempel. Busse fahren auch von Delhi (ca. 10 Stunden) und Chandigarh (ca. 7 Stunden). Der Expresszug von Delhi benötigt ca. 7 Stunden.

Tipp: Beim Tempel gibt es „Langar", ein kostenloses, geweihtes Essen, von Gläubigen zubereitet.

HAZRAT NIZAMUDDIN DARGAH,
Neu-Delhi, S. 176 f.

Öffnungszeiten: Täglich, von Sonnenaufgang bis Sonnenuntergang, ganzjährig.

Klima: Extrem heiße Sommer (April bis Juni, durchschnittlich bis 46 °C) und kalte Winter (November bis Januar, bis -1 °C). Regenzeit von Ende Juni bis Mitte September. Beste Reisezeit: Februar bis April oder September bis November.

Anreise: Der nächstgelegene Flughafen ist der Indira-Gandhi-Flughafen (ca. 23 km). Nach Delhi gelangt man mit Bus und Zug von überall aus Indien und Nepal. Zum Mausoleum kommt man per Bus, Taxi, U-Bahn, Rikscha oder Mietwagen.

Tipp: Donnerstagabends spielen Qawwali-Musiker (Sufis) beim Schrein (außer während des Ramadan).

HÖHLEN VON ELLORA, *Maharashtra, S. 170 f.*

Öffnungszeiten: Täglich, außer Dienstag, von 9 Uhr bis Sonnenuntergang (um 17.30 Uhr).

Klima: Heiß bis mild. Drei Jahreszeiten: Sommer von März bis Mai, Regenzeit von Juni bis September und Winter von November bis Februar. Im Sommer durchschnittlich 32 °C, im Winter 16 °C. Die beste Reisezeit: Oktober bis Februar.

Anreise: Der nächstgelegene Flughafen ist Aurangabad (15 km). Züge zwischen Mumbai und Aurangabad fahren täglich (ca. 7 Stunden). Von Aurangabad gelangt man mit Bus oder Taxi zu den Höhlen.

Tipp: Am Kartenschalter vor dem Kailash-Tempel kann man für bis zu 4 Stunden einen Reisebegleiter anheuern.

JAMA MASJID, *Neu-Delhi, S. 146 ff.*

Öffnungszeiten: Täglich, ganzjährig. Besuchszeiten für Nichtmuslime: von 8.30–12.30 Uhr und von 13.45 Uhr bis 30 Minuten vor Sonnenuntergang.

Klima: Extrem heiße Sommer (April bis Juni, durchschnittlich bis 46 °C) und kalte Winter (November bis Januar, bis -1 °C). Regenzeit von Ende Juni bis Mitte September. Beste Reisezeit: Februar bis April oder September bis November.

Anreise: Der nächstgelegene Flughafen ist der Indira-Gandhi-Flughafen (ca. 21 km). Nach Delhi gelangt man mit Bus und Zug von überall aus Indien und Nepal. Zur Moschee kommt man per Bus, Taxi, U-Bahn, Rikscha oder Mietwagen.

Tipp: Zurückhaltende Kleidung tragen. Kopftuchpflicht für Frauen. Vor Betreten der Moschee Schuhe ausziehen und Füße waschen. Gegen eine kleine Gebühr darf man auf das südliche Minarett (Frauen nur in Begleitung eines Mannes), das eine tolle Aussicht auf die Stadt bietet.

JANOG UND DIE TEMPEL VON HIMACHAL PRADESH, *S. 194 f.*

Öffnungszeiten: Je nach Dorf unterschiedlich.

Klima: Gemäßigte Sommer (Mitte April bis Juni, durchschnittlich 14–20 °C) und extrem kalte Winter mit einigen Schneefällen (November bis März, bis -7 °C). Beste Reisezeit: April bis Juni.

Anreise: Der nächste Flughafen ist Shimla (ca. 40 km). Aus Delhi gelangt man mit dem Zug nach Kalka (ca. 5½ Stunden). Dort umsteigen und weiter nach Shimla (ca. 5 Stunden). Die meisten Tempel sind mit dem Auto erreichbar. Janog liegt ca. 1 Fahrtstunde von Shimla entfernt.

Tipp: Wichtige Pilgerorte sind Manikaran, Rewalsar, Paonta Sahib, Shimla, Kullu and Chamba.

LOTUSTEMPEL DER BAHAI, *Neu-Delhi, S. 180 f.*

Öffnungszeiten: Montag bis Sonntag (9.30–17.30 Uhr), ganzjährig.

Klima: Extrem heiße Sommer (April bis Juni, durchschnittlich bis 46 °C) und kalte Winter (November bis Januar, bis -1 °C). Regenzeit von Ende Juni bis Mitte September. Beste Reisezeit: Februar bis April oder September bis November.

Anreise: Der nächstgelegene Flughafen ist der Indira-Gandhi-Flughafen (ca. 23 km). Nach Delhi gelangt man mit Bus und Zug von überall aus Indien und Nepal. Zum Tempel kommt man per Bus, Taxi, U-Bahn, Rikscha oder Mietwagen.

Tipp: Im Informationszentrum des Tempels werden jeden Tag etwa sieben Kurzfilme über den Lotustempel und den Bahai-Glauben gezeigt.

TEMPEL VON RANAKPUR, *Rajasthan, S. 156 f.*

Öffnungszeiten: Täglich, von 12–17 Uhr für Nichtjainas.

Klima: Ganzjährig warm und trocken, außer in der Monsunzeit (Juni bis September). Durchschnittstemperaturen von 22 bis 42 °C. Die beste Reisezeit ist von Oktober bis März.

Anreise: Der nächstgelegene Flughafen ist Udaipur (ca. 60 km). Von dort fahren Busse direkt zum Tempel (ca. 3 Stunden). Es gibt auch Rikschas, Taxis und Mietautos mit einheimischen Fahrern.

Tipp: Auch die anderen Tempel der Anlage sind sehenswert, wie der Parshvanatha-, der Amba-Mata- und der Surya-Tempel.

INDONESIEN

BOROBUDUR, *Java, S. 198 f.*

Öffnungszeiten: Täglich, 7–18 Uhr.

Klima: Heiß und feucht, mit einer Trockenzeit (Mai bis September) und einer Regenzeit (Oktober bis

April). Durchschnittlich 19 ˚C bis 30 ˚C. Die beste Reisezeit ist während der Trockenzeit.

Anreise: Der nächstgelegene Flughafen ist der Adisucipto in Yogyakarta. Nach Yogyakarta gelangt man aus Java per Zug und Bus, aus Bali mit dem Bus. Borobudur ist ca. 40 Autominuten von Yogyakarta entfernt. Am Flughafen und bei manchen Hotels kann man Autos mit Fahrer mieten, oder man leiht Motorroller oder Fahrräder.

Tipp: Die sehenswerten Hindu-Tempel von Prambanan (20 Minuten von Yogyakarta entfernt).

JAPAN

INARI-SCHREIN VON FUSHIMI, *Kyoto, S. 206 f.*

Öffnungszeiten: Täglich, von Sonnenaufgang bis Sonnenuntergang, ganzjährig.

Klima: Generell warm, mit heißen, feuchten Sommern. Temperaturen im Sommer (Juni bis August) 18 ˚C bis 33 ˚C, im Winter (Mitte November bis Anfang März -1 ˚C bis 17 ˚C. Die Regenzeit ist im Juni. Beste Reisezeit: März bis April oder September bis November.

Anreise: Der nächste Flughafen ist der Flughafen Kansai in Kyoto (ca. 115 km). Von dort fährt ein Zug zum Bahnhof Fushimi-Inari (ca. 2 Stunden).

Tipp: Für den ganzen Weg durch den Schrein benötigt man ca. 2 Stunden.

MIYAJIMA, *Hatsukaichi, S. 166 ff.*

Klima: Heiße, feuchte Sommer (Juni bis August, 18–31 ˚C) und meist milde, sonnige Winter (Dezember bis Februar, 0–11 ˚C). Regenzeit von Mitte Juni bis Mitte Juli. Die beste Reisezeit ist von Ende März bis Anfang Juni.

Anreise: Der nächstgelegene internationale Flughafen ist der Flughafen Kansai in Kyoto (ca. 430 km). Von dort mit dem Zug nach Hiroshima (ca. 2 Stunden), dann weiter zum Bahnhof Miyajimaguchi (ca. 45 Minuten). Von dort mit der Fähre zur Insel Miyajima (ca. 30 Minuten).

Tipp: Auf der Insel gibt es auch interessante Wanderwege, wie den Uguisu-Pfad, den Momiji-Pfad, den Asebi-Pfad und den Tsutsumigaura-Naturpfad.

ZEN-GARTEN IM RYOANJI-TEMPEL,
Kyoto, S. 158 ff.

Öffnungszeiten: Täglich, März bis November, 8–17 Uhr; Dezember bis Februar, 8.30–16.30 Uhr.

Klima: Generell warm, mit heißen, feuchten Sommern. Temperaturen im Sommer (Juni bis August) 18 ˚C bis 33 ˚C, im Winter (Mitte November bis Anfang März -1 ˚C bis 17 ˚C. Die Regenzeit ist im Juni. Beste Reisezeit: März bis April oder September bis November.

Anreise: Der nächste Flughafen ist der Flughafen Kansai (ca. 120 km). Zum Zen-Garten gelangt man mit dem Zug (bis zum Bahnhof Ryoanji-Michi, 2½ Stunden) oder mit dem Bus.

Tipp: Morgens ist es im Garten am ruhigsten.

KAMBODSCHA

ANGKOR WAT, *Angkor, S. 190 ff.*

Öffnungszeiten: Täglich, von Sonnenaufgang bis Sonnenuntergang, ganzjährig.

Klima: Tropenklima mit ganzjährig heißen Temperaturen von 21–35 ˚C. Beste Reisezeit: Dezember bis April, außerhalb der Monsunzeit.

Anreise: Der nächstgelegene Flughafen ist Siem Reap-Angkor (7 km). Von Thailand gelangt man mit dem Bus nach Siem Reap (ca. 6–9 Stunden) und von Phnom Penh mit Bus (5–6 Stunden) oder Boot (4–6 Stunden). Weiter geht es per Autoriksha oder mit einem Mietwagen.

Tipp: Die beste Aussicht auf die Tempel bietet ein Rundflug mit dem Hubschrauber.

MYANMAR

SHWEDAGON-PAGODE, *Rangun, S. 164*

Öffnungszeiten: Täglich (4–22 Uhr), ganzjährig.

Klima: Ganzjährig heiß, durchschnittlich 30–35 ˚C. Die beste Reisezeit ist direkt nach der Regenzeit (Juni bis Oktober).

Anreise: Der nächstgelegene Flughafen ist Yangon in Rangun (ca. 16 km). Von Mandalay gelangt man per Zug und Bus in ca. 15 Stunden nach Rangun. In Rangun nimmt man besser ein Taxi, da die Busse überfüllt und unzuverlässig sind. Ausländer dürfen hier keine Autos mieten.

Tipp: Beim Besuch der Stätte zurückhaltende Kleidung tragen. Knie und Ellbogen bedecken!

SRI LANKA

HEILIGER FUSSABDRUCK, *Sri Pada, S. 162 f.*

Klima: Ganzjährig warm (durchschnittlich bis über 30 ˚C). Beste Reisezeit: außerhalb der Monsunzeiten (Mai bis Juli und Dezember bis Januar).

Anreise: Der nächstgelegene Flughafen ist Bandaranaike (ca. 130 km). Während der Pilgerzeit (Dezember bis Mai) fahren Busse aus Kandy (ca. 1 Stunde), Nuwara Eliya (ca. 2 Stunden) und Colombo (ca. 2 Stunden) in die Stadt Dalhousie am Fuß des Berges. Außerhalb der Pilgerzeit fährt man mit Bus oder Zug nach Hatton oder Maskeliya und dann per Taxi nach Dalhousie.

Tipp: Die Wanderwege auf den Berg sind nur in der Pilgerzeit beleuchtet. Außerhalb dieser Zeitspanne sollte man eine Taschenlampe mitbringen.

WALDKLOSTER VON ARANKALE,
Nordwestprovinz, S. 182 f.

Klima: Heiß und feucht, durchschnittlich 22 ˚C bis 31 ˚C. Beste Reisezeit: außerhalb der Monsunzeiten (Mai bis Juli und Dezember bis Januar).

Anreise: Die nächsten Flughäfen sind der Victoria Resevour in Kandy (ca. 40 km) und der Bandaranaike in Colombo (ca. 95 km). Es fahren regelmäßig Busse von Colombo (ca. 5 Stunden) und Kandy (ca. 1 Stunde) nach Kurunagala. Von dort fährt man mit dem Taxi nach Arankale (25 km).

Tipp: Frühmorgens kann man im Wald von Arankale gut die Vögel beobachten.

SÜDKOREA

INSEL JEJU-DO, *S. 184*

Klima: Heiße, feuchte Sommer (Juni bis August, max. 33 ˚C) und kalte, trockene Winter (Dezember bis Februar, stets über 0 ˚C). Gegen Ende des Sommers kann es Taifune geben.

Anreise: Der nächstgelegene Flughafen ist der Flughafen Jeju. Man kann auch nach Busan oder Incheon am koreanischen Festland fliegen und dann mit der Nachtfähre zur Insel fahren. Auf der Insel kann man Fahrräder und Mietautos leihen oder mit Bus und Taxi fahren.

Tipp: Das Folklore- und Naturhistorische Museum von Jeju-do zeigt Vulkangestein, Kunsthandwerk und die Pflanzen- und Tierwelt der Insel.

THAILAND

AYUTTHAYA, *Provinz Ayutthaya, S. 152 ff.*

Klima: Heiß und feucht, Durchschnittstemperaturen von 22 ˚C bis 36 ˚C. Die beste Reisezeit ist von November bis Februar, außerhalb der Monsunzeit.

Anreise: Der nächstgelegene Flughafen ist in Bangkok (ca. 95 km), von dort gibt es gute Bus- und Zugverbindungen nach Ayutthaya. Man kann von Bangkok aus auch mit dem Boot den Fluss Chao Phraya entlang nach Ayutthaya fahren. Ayutthaya kann man zu Fuß oder mit dem Fahrrad erkunden. Es gibt aber auch Busse, Taxis, Straßenbahnen und Autorikschas.

Tipp: Zum Besuch der Tempel wird zurückhaltende Kleidung empfohlen.

TIBET

KAILASH, *Gangdisê-Gebirge, S. 165*

Klima: Wechselhaftes Gebirgsklima mit warmen Sommern (Juni bis August, bis zu 29 °C) und sehr kalten Wintern (November bis März, bis zu -9 °C).

Anreise: Der nächstgelegene Flughafen ist der Flughafen Lhasa-Gonggar in Tibet und der nächstgelegene Bahnhof ist in Lhasa (siehe unten). In Lhasa kann man sich einen Jeep mit Fahrer mieten und damit zum Berg fahren.

Tipp: Manchmal kann man in einem Kloster übernachten, trotzdem sollte man eigene Zelte und Nahrungsmittel mitnehmen. In Darchen, am Fuß des Berges, kann man Yaks und Gepäckträger anheuern.

LHASA, *Präfektur Lhasa, S. 186 ff.*

Klima: Kalte Winter und warme Sommer mit Temperaturen bis 22 °C im Juni und -10 °C im Januar. Die beste Reisezeit ist von April bis Oktober. Auch an sonnigen Tagen ist es nachts bedeutend kälter, daher empfiehlt sich warme Kleidung.

Anreise: Der nächstgelegene Flughafen ist der Flughafen Lhasa-Gonggar in Tibet. Es gibt regelmäßige Flüge von Chengdu und Kathmandu. Züge fahren regelmäßig von Peking über Xining/Lanzhou, Chengdu und Xi'an nach Lhasa. Die Fahrt von Peking dauert 2 Nächte. Vom Bahnhof ist die Stadt nur noch eine kurze Bus- oder Taxifahrt entfernt.

Tipp: Unbedingt auch den Jokhang- und den Potala-Palast besuchen und den Barkhor-Pilgerrundgang machen.

VIETNAM

BUCHT VON HA LONG, *Quảng Ninh, S. 178 f.*

Klima: Zwei Jahreszeiten: ein heißer, regnerischer Sommer (Mai bis September) und ein trockenerer, kühler Winter (Dezember bis März). Durchschnittstemperaturen von 15 °C bis 25 °C. Die beste Reisezeit ist von Oktober bis Mai.

Anreise: Der nächstgelegene Flughafen ist Hanoi (ca. 170 km). Von dort gelangt man mit dem öffentlichen Bus (ca. 6 Stunden) oder einem privaten Taxi (ca. 3½ Stunden) zur Bucht. Man kann auch mit dem Boot von Haiphong (ca. 75 km) oder Hanoi (ca. 165 km) aus fahren.

Tipp: Auf einer Bootsfahrt durch die Bucht die verschiedenen Höhlen besichtigen.

AUSTRALIEN UND OZEANIEN
AUSTRALIEN

BUNGLE BUNGLE, *Kimberley, S. 210 f.*

Öffnungszeiten: Das Besucherzentrum ist von Mai bis Oktober täglich geöffnet (8–12 und 13–16 Uhr). Die Camps sind von Mitte Oktober bis April geschlossen.

Klima: Durchschnittliche Höchsttemperaturen von 32 °C bis 38 °C. Nachts hat es selten weniger als 15 °C. Die beste Reisezeit ist während der Trockenzeit (Mai bis Juni).

Anreise: Der nächstgelegene Flughafen ist Kununurra (ca. 250 km), wo es auch Mietautos gibt. Den letzten Teil der Straße zu den Bungles (ca. 55 km lang) kann man nur mit einem Geländewagen befahren. Die meisten Besucher besichtigen die Stätte aus der Luft (vom Flugzeug oder Hubschrauber aus).

Tipp: Weil die Felstürme sehr brüchig sind, ist das Klettern auf ihnen streng verboten.

CARNARVON GORGE, *Queensland, S. 217*

Öffnungszeiten (Besucherzentrum): Täglich, 8–10 und 15–17 Uhr.

Klima: Sehr heiße, feuchte Sommer (November bis März, bis zu 36 °C). Im Winter (Juni bis August) fallen die Temperaturen auf bis zu -2 °C.

Anreise: Die nächstgelegenen Flughäfen sind in Roma (ca. 250 km) und Emerald (ca. 240 km), wo es auch Mietautos gibt. Nach einem Regen benötigt

man für den Kiesweg in den Park einen Geländewagen.

Tipp: Besonders sehenswert sind der Moss Garden und der Ward's Canyon im Carnarvon-Nationalpark (ca. 4 km bzw. 5 km vom Rastplatz des Parkes entfernt).

KATA TJUTA, *Northern Territory, S. 220*

Öffnungszeiten: Der Nationalpark öffnet bei Sonnenaufgang und schließt bei Sonnenuntergang, ganzjährig. Touristeninformation täglich von 8–17 Uhr geöffnet. Kulturzentrum täglich von 7–18 Uhr geöffnet. Parkverwaltung täglich von 8–16.30 Uhr geöffnet.

Klima: Heiße Sommer (Oktober bis April, 14–38 °C) mit kühleren Wintern (Mai bis September, 3–26 °C). Im Winter können die Temperaturen nachts unter den Gefrierpunkt sinken.

Anreise: Der nächstgelegene Flughafen ist der Flughafen Ayers Rock (Connellan) in Yulara. Von dort aus fährt man mit dem Bus oder einem Mietwagen zum Uluru-Kata-Tjuta-Nationalpark. Der Flughafen von Alice Springs ist ca. 6 Fahrtstunden entfernt.

Tipp: Zu empfehlen sind die schwierige Wanderung durch das Valley of the Winds oder der leichtere Walpa-Gorge-Wanderweg.

LAKE MUNGO, *New South Wales, S. 221*

Öffnungszeiten (Besucherzentrum): Montag bis Freitag, 8.30–12 Uhr und 13–16.30 Uhr.

Klima: Unterschiedlich, mit extremen Temperaturen von bis zu 40 °C im Sommer (besonders zwischen Januar und Februar) und unter 0 °C im Winter. Die beste Reisezeit: März bis Oktober.

Anreise: Der nächstgelegene Flughafen ist Pooncarie (ca. 85 km). Von dort aus fährt man zum Mungo-Nationalpark. Nach Regenfällen sind manche Straßen in und um den Park gelegentlich unbefahrbar.

Tipp: An diesem Ort gibt es keinen Handyempfang. In der Nähe des Parkes gibt es weder Essen noch Benzin zu kaufen.

NOURLANGIE ROCK, *Northern Territory, S. 222 f.*

Öffnungszeiten: Der Nationalpark öffnet bei Sonnenaufgang und schließt bei Sonnenuntergang, ganzjährig.

Klima: Trockenzeit von April bis September (durchschnittlich 32 °C); Regenzeit von Januar bis März (durchschnittlich 33 °C). In der „Zwischenjahreszeit" von Oktober bis Dezember ist es sehr feucht und heiß (durchschnittlich 37 °C). Die beste Reisezeit ist während der Trockenzeit.

Anreise: Der nächstgelegene Flughafen ist Darwin (ca. 255 km). Dort kann man ein Auto mieten oder mit dem Reisebus direkt zum Kakadu-Nationalpark fahren.

Tipp: Besonders sehenswert ist die Aborigine-Kunst der Felsgalerien Ubirr und Nanguluwur, die sich auch im Park befinden.

DEVIL'S MARBLES, *Northern Territory, S. 224 f.*

Klima: Halbtrocken, mit heißen Sommern (November bis April, 23–34 °C) und kühlen Wintern (Mai bis Oktober, 20–33 °C). Im Winter können die Temperaturen nachts unter den Gefrierpunkt fallen. Die besten Reisemonate sind Juni und Juli.

Anreise: Die nächstgelegenen Flughäfen sind Darwin und Alice Springs, von wo aus man mit einem Charterflugzeug zum Flughafen Tennant Creek (ca. 100 km von den Devil's Marbles entfernt) fliegen kann. Man gelangt auch mit dem Zug von Alice Springs nach Tennant Creek oder mit dem Bus von Darwin oder Alice Springs. In Tennant Creek kann man sich ein Auto mieten und zu den Devil's Marbles fahren (ca. 1 Stunde).

Tipp: Direkt nördlich von Tennant Creek liegen die „Teufelskiesel". Auch diese kleinere Ausgabe der Teufelsmurmeln ist für die Einheimischen eine bedeutende heilige Stätte.

ULURU, *Northern Territory, S. 212 f.*

Öffnungszeiten: Der Nationalpark öffnet bei Sonnenaufgang und schließt bei Sonnenuntergang, ganzjährig. Touristeninformation täglich von 8–17 Uhr geöffnet. Kulturzentrum täglich von 7–18 Uhr geöffnet. Parkverwaltung täglich von 8–16.30 Uhr geöffnet.

Klima: Heiße Sommer (Oktober bis April, 14–38 °C) mit kühleren Wintern (Mai bis September, 3–26 °C). Im Winter können die Temperaturen nachts unter den Gefrierpunkt sinken.

Anreise: Der nächstgelegene Flughafen ist der Flughafen Ayers Rock (Connellan) in Yulara. Von dort aus fährt man mit dem Bus oder einem Mietwagen zum Uluru-Kata-Tjuta-Nationalpark. Der Flughafen von Alice Springs ist ca. 6 Fahrtstunden entfernt.

Tipp: Im Uluru-Kata-Tjuta-Nationalpark ist das Campen nicht gestattet.

FRANZÖSISCH-POLYNESIEN

TAPUTAPUATEA, *Raiatea, S. 216*

Klima: Zwei Jahreszeiten – heiß und feucht von November bis März, mit häufigen Regenfällen im Januar und Februar und relativ kühl und trocken von April bis Oktober. Die Durchschnittstemperaturen bewegen sich das ganze Jahr über zwischen 24 °C und 32 °C.

Anreise: Der nächstgelegene Flughafen ist der Flughafen Raiatea in Uturoa. Von dort ist Taputapuatea eine Autostunde entfernt (ein Geländewagen wird empfohlen). Man gelangt auch mit dem Boot über den Fluss Faaroa dorthin.

Tipp: Sehenswert sind auch der Mount Temehani und der Faaroa-Fluss.

NEUSEELAND

AORAKI/MOUNT COOK, *Südinsel, S. 208 f.*

Öffnungszeiten (Nationalpark): Täglich, Januar bis April von 8.30–17 Uhr; Mai bis Dezember von 8.30–16.30 Uhr.

Klima: Im Aoraki/Mount Cook Village sind die Sommer warm (Dezember bis Februar, bis zu 32 °C) und die Winter sehr kalt und schneereich (Juni bis August, bis zu -13 °C). Die Temperatur am Gipfel ist um mindestens 28 °C niedriger als im Aoraki/Mount Cook Village und es wehen starke Winde.

Anreise: Die nächstgelegenen internationalen Flughäfen sind Christchurch und Queenstown. Von dort kann man per Charterflug einen der vier Flughäfen der Mackenzie-Region (Glentanner, Mount Cook, Lake Pukaki und Lake Tekapo) anfliegen. Man kann auch mit dem Bus von Christchurch, Queenstown oder anderen größeren Städten nach Twizel oder Lake Tekapo fahren und von dort mit dem Auto weiter – doch die Reise kann einen ganzen Tag dauern.

Tipp: Für das Besteigen des Berges benötigt man keine Genehmigung, aber man muss im Besucherzentrum des Department of Conservation ein Formular zu den Reiseabsichten ausfüllen.

MOUNT RUAPEHU, *Tongariro-Nationalpark, S. 218 f.*

Öffnungszeiten (Besucherzentrum): Täglich, November bis März von 8–18 Uhr; April bis Oktober von 8–17 Uhr.

Klima: Das ganze Jahr über veränderliche Temperaturen. Im Sommer (Dezember bis März) steigen die Temperaturen auf bis zu 25 °C und sinken im Winter (Juni bis August) auf -10 °C.

Anreise: Der nächstgelegene Flughafen ist Auckland (ca. 350 km von Turangi, der nächstgelegenen Stadt zum Tongariro-Nationalpark, entfernt). Von dort ist der Park nur eine kurze Fahrt mit dem Bus oder Auto entfernt.

Tipp: Im Sommer gibt es Führungen zum Rand des Kratersees am Gipfel des Mount Ruapehu.

Register

Bildnachweis

Der Verlag bedankt sich bei den folgenden Personen, Museen und Bildarchiven für die Erlaubnis, ihr Material in diesem Buch verwenden zu dürfen. Inhaber von Urheberrechten wurden mit größter Sorgfalt ausfindig gemacht. Falls wir jemanden vergessen haben sollten, bitten wir um Entschuldigung. Wir werden eventuelle Fehler in zukünftigen Ausgaben berichtigen, sofern wir darüber Kenntnis erhalten.

o = oben   **u** = unten

Seiten 2 f. AWL images/Antonia Tozer; **5** SuperStock/Robert Harding; **10 f.** AWL images/Alan Copson; **12** Getty Images/Courtney Milne; **13** © Stéphane Compoint; **14 f.** AWL images/Michele Falzone; **16** Getty Images/Stone/Andy Glass; **17** Corbis/Jose Fuste Raga; **18o** Photolibrary.com/Animals Animals/Rich Reid; **18u** Photolibrary.com/Radius Images; **20** Photolibrary.com/White/Don Smith; **21** Photolibrary.com/Pixtal Images; **22** Axiom/Andy Kerry; **23** Axiom/Guy Marks; **24 f.** Superstock/Tony Linck; **26** Photolibrary.com/Jupiterimages; **27** Axiom/Chris Coe; **29** Photolibrary.com/Animals Animals/Gordon & Cathy Illg; **30** 4 Corners/SIME/Simeone Giovanni; **31** SuperStock/Karen G. Schulman; **32 f.** Getty Images/Sami Sarkis; **34** Superstock/Hemis.fr; **35** SuperStock/age fotostock/Matz Sjoberg; **36 f.** SuperStock/age fotostock/Alan Majchrowicz; **39** Photographers Direct/Cathy Jones; **40 f.** Corbis/Herbert Kehrer; **42** Alamy/David Newham; **43** Photolibrary.com/imagebroker.net/Gerhard Zwerger-Schoner; **44** 4 Corners/SIME/Fantuz Olimpio; **45** Photolibrary.com/Tips Italia/Guido Alberto Rossi; **46** Scala; **47** Scala; **48 f.** AWL images/Michele Falzone; **50 f.** AKG-images/Bildarchiv Monheim; **52** Axiom/Hemis; **53** David Lyons; **54** Flickr/Coldmountain/Nick Watts; **55** David Laws; **56** AKG-images/Bildarchiv Monheim; **57** AKG-images/Erich Lessing; **58 f.** Alamy/Terence Waeland; **60o** Antonio Cerezuela, Sevilla; **60u** Antonio Cerezuela, Sevilla; **62 f.** AWL images/Doug Pearson; **65o** Lonely Planet/Gareth McCormack; **65u** 4 Corners/SIME/Rellini Maurizio; **66 f.** Photolibrary.com/The Irish Image Collection; **68** AKG-images/Joseph Martin; **69** Sonia Halliday Photographs; **70** Alamy/RIA Novosti; **71** Alamy/isifa Image Service s.r.o./Jiri Berger; **72 f.** Alamy/vario images/McPhoto; **74** Photolibrary.com/Robert Harding/R H Productions; **75** Photolibrary.com/Hemis/Hervé Hughes ; **76** AKG-images/Andrea Jemolo; **77** Photolibrary.com/F1 Online/Felix Stenson; **78 f.** Photographers Direct/John Jordan, Helsinki; **80 f.** AWL images/Peter Adams; **82 f.** AWL images/Michele Falzone; **84** Alamy/Richard Childs Photography; **86 f.** Alamy/Graham Uney; **88** Alamy/Nordicphotos/Anders Tukler; **89** Alamy/Antje Schulte; **90** Mark McCormick; **91** Photographers Direct/Emy Smith; **92 f.** Photoshot/Woodfall; **94** Photolibrary.com/Britain on View/Nature Picture Library; **95** Photolibrary.com/Britain on View/Adam Burton; **96 f.** 4 Corners/SIME/Spila Riccardo; **98** Art Archive/Chester Brummel; **99** Getty Images/Michele Falzone; **100** 4 Corners/SIME/Fantuz Olimpio; **101** SuperStock/age fotostock/Bruno Morandi; **102 f.** 4 Corners/SIME/Da Ros Luca; **104** Axiom/Chris Caldicott; **105** AWL images/Nigel Pavitt; **106** fotoLibra/Yossi ROR/Ulrich W. Sahm; **107** Photographers Direct/Patrick Ellis; **108 f.** Getty Images/National Geographic/Kenneth Garrett; **110** Corbis/Frédéric Soltan; **111** Alamy/dbimages; **112** Alamy/Images & Stories; **112 f.** Angelo Hornak; **114** AWL images/Gavin Hellier; **115** AKG-images/Erich Lessing; **116** Photolibrary.com/Tips Italia/Franco Taddio; **117** Robert Harding/Andrew McConnell; **118** Axiom/Chris Caldicott; **119** Photolibrary.com/JTB Photo; **120** Corbis/Annie Griffiths Belt; **121** AWL images/Jon Arnold; **122 f.** AWL images/Nigel Pavitt; **125o** Alamy/United Archives GmbH/KPA/Mauthe, Markus; **125u** Alamy/Images of Africa Photobank/Friedrich von Horsten; **126** Getty Images/National Geographic/Martin Gray; **127** Photolibrary.com/JTB Photo; **128 f.** Photolibrary.com/JTB Photo; **130** Getty Images/Stone/Nabeel Turner; **131** Getty Images/Reza; **132 f.** SuperStock/age fotostock/Wojtek

Buss; 134 Axiom/Jon Spaull; 135 Axiom/Hemis; 136 f. Axiom/Hemis; 138 Corbis; 139 Corbis/Kazuyoshi Nomachi; 140o Getty Images/Gallo Images/Wim Van Den Heever; 140u AWL images/Nigel Pavitt; 142 f. Axiom/Guy Marks; 144 Axiom/Chris Caldicott; 145 Getty images/Lonely Planet Images/Holger Leue; 146 Corbis/Reuters/Kamal Kishore; 147 Axiom/Karoki Lewis; 148 f. Corbis/epa/Anindito Mukherjee; 150 AWL images/Paul Harris; 151 Axiom/Doug McKinlay; 152 Axiom/Hemis; 153 AWL images/Peter Adams; 154 f. AWL images/Travel Pix Collection; 155 Axiom/Hemis; 156 f. Getty Images/Image Bank/Donata Pizzi; 158o Photolibrary.com/Claire Takacs; 158u Photolibrary.com/Claire Takacs; 160 f. Getty Images/Stone/Paul Chesley; 162 f. Robert Harding/David Beatty; 164 Axiom/Chris Caldicott; 165 Axiom/Ian Cumming; 166o AWL images/Gavin Hellier; 166u Getty Images/Sebun Photo/Hiroyuki Yamaguchi; 167 Corbis/B.S.P.I.; 168 f. Getty Images/Larry Dale Gordon; 169 AWL images/Christian Kober; 170 Robert Harding/Adam Woolfitt; 171 Photolibrary.com/Tips Italia/Luca Invernizzi Tettoni; 172 Photolibrary.com/Cusp/Bruno Levy; 173 Getty Images/Image Bank/Eric Meola; 174 Axiom/Timothy Allen; 175 Axiom/Timothy Allen; 176o Alamy/Imagestate/Mark Henley; 176u Fabian Foo; 178 f. AWL images/Danita Delimont Stock; 180 f. Axiom/Ian Cumming; 182o Luxshmanan; 183u Luxshmanan; 184 Photolibrary.com/JTB Photo; 185 Photolibrary.com/Frederic Soreau; 186 Axiom/Ian Cumming; 187o Axiom/Ian Cumming; 187u Axiom/Ian Cumming; 188 f. Axiom/Ian Cumming; 190 f. Axiom/Peter Rayner; 192o AWL images/Walter Bibikow; 192u AWL images/David Bank; 193 Axiom/Marc Jackson; 194 Corbis/Paul C. Pet; 195 Shabbir Khambaty and Swapnil Bhole; 196 Getty Images/Keren Su; 197 AWL images/Christian Kober; 198 f. Alamy/Mireille Vautier; 200 Getty Images/Stone+/joSon; 200 f. Getty Images/Image Bank/Philippe Bourseiller; 202 Alamy/Yadid Levy; 203 Corbis/epa/Raminder Pal Singh; 204 f. Robert Harding/Jeremy Bright; 206 f. Getty Images/Lonely Planet Images/Frank Carter; 208 f. AWL images/Christian Kober; 210 Photolibrary.com/Ted Mead; 211 Photolibrary.com/Roel Loopers; 212 Photolibrary.com/Imagestate/Martin Ruegner; 213 Photolibrary.com/Ted Mead; 214 Photolibrary.com/E&E Image Library; 214 f. AWL images/Danita Delimont Stock; 216 Corbis/Douglas Peebles; 217 Corbis/Theo Allofs; 218 f. Getty Images/Image Bank/Laurie Noble; 220 AWL images/Danita Delimont Stock; 221 Corbis/Dave G. Houser; 222 f. Photolibrary.com/Radius Images; 224 f. Getty Images/Image Bank/Ted Mead.

ERGÄNZENDE BILDUNTERSCHRIFTEN

TITELBILD: Die Basilika San Francesco liegt in den Bergen am Rand der Stadt Assisi. Sie ist das Mutterhaus des Franziskanerordens und wurde als Denkmal und Grabstätte des heiligen Franz von Assisi gebaut.
(Siehe auch S. 96-97)

SEITEN 2-3: Die Umrisse einiger vergitterter Stupas auf den oberen Ebenen von Borobudur in Indonesien.
(Siehe auch S. 198-201)

SEITE 5: Ein Priester verlässt Bet Amanuel, eine der Felsenkirchen von Lalibela in Äthiopien.
(Siehe auch S. 116-119)

Danksagung

Wir bedanken uns bei den folgenden Personen für ihre wertvollen Textbeiträge: Peter Bently, Rachael Withers, Archie Bland, Cordelia Jenkins, Sarah Shuckburgh, Christopher Middleton, Tony Allan und Graham Simmons.